J U D O

柔道女王
連珍羚
LIEN CHEN-LING

我會一直摔到不想摔爲止

連珍羚、鄭瀅瀅——著

Q U E E N

努力不一定有回報，
但沒有白費的努力。

推薦序

愈難創的事業愈穩固、愈困苦的人生愈精彩

鬍鬚張股份有限公司會長
張永昌

柔情似水女兒身
道德品格以服人
女中豪傑顯女力
王者風範展身手
連三跨五全壓制
珍珠成串柔克剛
羚羊掛角無敵手

從二〇二三年八月開始，柔道女王連珍羚成為「鬍鬚張」品牌大使，穿著柔道服的身影開始出現在鬍鬚張的文宣上，朋友與顧客都問為什麼會出現這樣的組合？

六個字可以說完：「**熱情**」、「**堅持**」、「**感謝**」。

我第一次在體育頻道上看到珍羚是二〇一六年的里約奧運，未能寫下歷史新頁的她遺憾落淚，但拿下女子柔道五十七公斤級第五名，是當時臺灣選手在奧運的最佳成績。她激勵自己再拚四年，二〇二一年東京奧運連吞三次指導止步十六強，一生的夢想再次破滅，當場淚灑賽場，但狠狠地摔一跤後，不僅沒讓珍羚的熱情卻步，外界認為「不可能」的評論反而激發她的鬥志。二〇二三年杭州亞運，珍羚第四度踏上亞運舞臺，奪下臺灣柔道女將亞運史上首面金牌，看到她激動落淚，不過這次的淚水是充滿喜悅的，奮戰精神也感動了全臺的民眾。

就是這樣堅持的決心，讓當時的我深受感動，對經歷路邊攤、單店經營、多店經營、連鎖經營、進而到跨國經營的我來說心有戚戚焉，腦海浮現我常掛在嘴邊的話：「**愈難創的事業愈穩固、愈困苦的人生愈精彩。**」鬍鬚張發展連鎖經營的初期，展店時曾面臨「不可能」的質疑，當時我不顧旁人的眼光，直接宣告要開十家店，甚至有人覺得我是瘋子，「乞丐許大願」，但我知道自己追求的是什麼，下定決心勇往直前，就是要朝「賣魯肉飯賣到全世界都知道」的目標邁進！

巴黎奧運落幕，珍羚賽後走向採訪區對著媒體連說五次「謝謝」，謝謝大家對她和柔道的關心，抱著很感謝的心情，把每次比賽都當作最後一場，無論未來走向為何，柔道之路沒有休止符。我們都有貫徹初衷的使命——我希望推廣魯肉飯到全世界，珍羚希望柔道項目被更多臺灣人看見。透過珍羚的精神，讓鬍鬚張在國際賽上被更多人看見，珍羚的柔道精神也可以在市場上讓更多顧客看見，感謝大家的支持，我們一起朝設定的方向、目標前進。

珍羚就像熱情又努力不懈的農人，她已在國人的心田播下種子，終有一天會在社會各層面、各角落發芽茁壯，於是我們有了期待，「柔道文化」將會一代一代地傳承下去。

從我對珍羚的認識到拜讀本書，精力善用、以柔克剛、自他共榮、共好雙贏，與柔道精神完全符合，是一本值得您細細品味的傳記，適合邊吃魯肉飯邊閱讀喔！永昌熱情推薦！

祝福連珍羚選手

新書大賣，推廣柔道；光芒萬丈，久久長長！

二〇二四年九月十一日

目次

第一場

認同
九歲踏進柔道場，就知道那是一生喜愛的事

第二場

勇氣
以為自己有天分，原來不是這麼一回事

第三場

謙虛
第一位臺灣旅日職業選手，日本給我的震撼教育

第四場

自制力

學會休息靜心，也是訓練的一部分

第五場

友誼

武者修行的魅力，從國外隊友身上學到的事

第六場

誠意

讓臺灣的柔道被看見是我的責任

第七場

榮譽

勇敢面對勝負的世界

第一場

認同

九歲踏進柔道場，就知道那是一生喜愛的事

經常被媒體詢問：「如何堅持自己的目標？」我回答：「找到自己眞心熱愛的事。」而這件事情——柔道——在我九歲的時候就找到了！

ROUND 1

接觸柔道的契機——九歲女孩怎麼會想學習柔道？

從小在臺南長大的我很喜歡運動，每次學校舉辦運動會，我幾乎都跑第一名。小學三年級時，由於爸爸是警官，工作緣故需要調職，舉家搬到臺北，便進入位於中和的錦和國小就讀。

自小個性調皮的我，不僅喜歡運動，也喜歡和同學打鬧。媽媽經常說：「每次只要看到老師走過來，我就要趕快躲起來，因為肯定又要來和我告狀了。」

家中共有四個兄弟姊妹，從小感情就很好

國小三年級的連珍羚

家中四個兄弟姊妹都是柔道選手

話雖如此，還是一直很感念媽媽對我的教育方式。我不僅調皮，小時候性格上就帶有一點點叛逆，有自己的一套想法。媽媽了解我是這樣的個性，從來不會特別要求我一定要做好哪些事情，因為她知道，我是一個不喜歡別人控制自己人生的孩子，如果不要特別告訴我該怎麼做，我反而更願意去嘗試。

現在回想，如果小時候媽媽天天叮囑我要好好練習柔道，可能我就不會再繼續練習了。

小時候與媽媽的合照

錦和國小每天都有早自習，活潑好動的我一點都不想處在這個環境中，於是開始想著：「有什麼方法可以不參加早自習呢？」當時學校提供一個選項：如果參加社團課，就可以不用參與早自習，於是我和同學一起選擇人生第一個社團——管樂社。但後來發現，一直坐在同一個地方敲敲打打有些無聊……

有天下課我走到操場，看到將近一百個同學在運動，我心想：「哇！感覺好好玩喔！」一問之下發現是學校最熱門的社團——柔道社，於是我改變參加的社團了。

印象很深刻的是，想正式入社還必須通過體能測試，但我沒想那麼多，就這樣一直跟著練習。依稀記得原本有一百多人，經過多關測試，我成為最後留下十幾個人的其中之一，現在回想：「哈哈！這就是所謂的菁英吧！」

正式加入柔道隊後，隨之而來的是嚴厲的老師與嚴格的訓練。林銘君老師是我人生中第一位柔道老師，她非常嚴厲，但這份嚴厲讓我從中學習到所謂「柔道的品格」。

國小時期的柔道社團

柔道這個項目有八項重要品質：**勇氣、尊重、謙虛、友誼、榮譽、誠意、自制力、禮貌**。

老師教導我們的絕不是坐下來背誦規則，她總是用實際行動來告訴我們為什麼需要遵守這些規則。她經常告誡：「不可以用腳跨過柔道服。」柔道服如同柔道的靈魂，如果任意跨過，就是不尊重這個項目。一直到現在，我仍然十分重視這個觀念，如果看到有人不小心直接從柔道服上面跨過，心裡會非常不高興。因為柔道衣、道帶都是陪你上戰場的夥伴，不只要尊重對手，對柔道服也要有尊敬的心，不可以隨意對待。

另一方面，穿上道服就代表對柔道的榮譽心和責任感，同時也代表貫徹柔道教會我們的道理，以及面對任何事務都要全力以赴。九歲踏進道場的第一天，除了覺得新鮮、有趣，也很清楚自己就是要好好學習柔道，並在比賽中獲得勝利。

還記得小學四年級時，參加人生第一場柔道比賽，當時「只」獲得第三名，我非常不開心——我就是想拿第一名，我從那時開始就認為只有第一名才叫贏得勝利。帶著這份不甘心，我更努力練習，到了小學五年級，終於拿下人生第一個全國柔道冠軍。

錦和國小柔道隊第十三屆畢業生留念

ROUND 2

無論如何被罰，還是天天來道場報到

錦和國小同時還有國中部和高中部，那時國中部的柔道隊剛成立幾年，沒有專屬道場，更別說想要有專業的柔道墊了，只有薄薄的普通地墊，摔下去真的非常痛！

我這屆之前的學長姐們，從錦和國小畢業後，按照慣例，如果想繼續練習柔道，會選擇有柔道且歷史相對悠久卻離家較遠的永和國中。我決定留在錦和國中，純粹是覺得每天搭公車上下課實在太麻煩了，還是選擇離

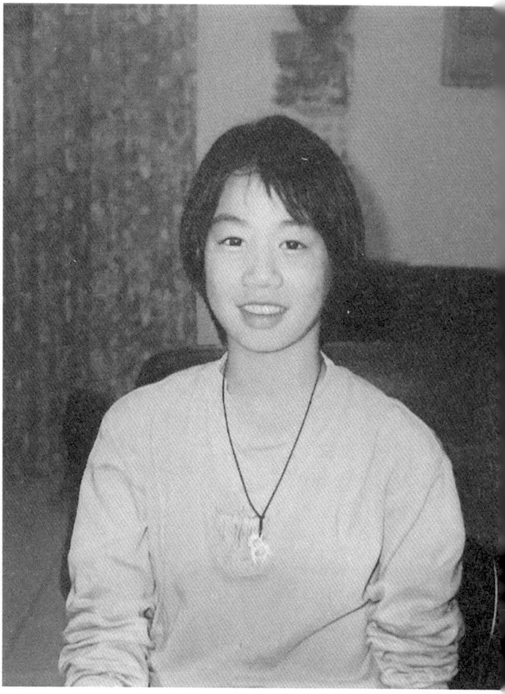

國中時期的連珍羚

家近的學校就好。

與現在不同的是，那時還沒有體育班，平時除了練習柔道以外，也要兼顧課業。最辛苦的是每次比賽回來，還得馬上把沒上到的課補好補滿。

但我沒有因為很辛苦就放棄其中一項，每場柔道比賽前，我都要做好萬全準備，才有信心上戰場；對於讀書的標準亦是如此，我沒有辦法接

國中時與黃瑞澤老師的合照

受在沒有看書的情況下去應付考試。我認為這是責任心，不能因為自己是柔道選手就可以享有特殊待遇，同時也不想讓別人覺得練柔道都是頭腦簡單、四肢發達的學生。

與國小最不一樣的是，教導我們的柔道老師，從林老師換成黃瑞澤老師，而在我的柔道生涯中，黃老師也是影響我很深的一位導師。

天生有著不服輸個性的我，無論是柔道或學業成績，都替自己訂下非常嚴格的標準。而柔道教導我們除了保護自己的能力以外，「**尊重**」也是不斷學習的課題。

有一次與同學練習寢技[1]，我運用關節技[2]壓制她。過程中她已經拍地，以柔道比賽來說，拍地代表認輸，這時另一方就必須放開，否則極有可能會讓對手受傷。

當時因自己的傲氣，沒有注意到對手已經拍地，仍持續使用關節技壓制，沒有立刻放開對手。黃老師看到我沒有鬆手，非常生氣，直接請我離開道場且不准再參與練習。

即便老師阻止我當天的練習，到了隔天，我仍假裝沒事一樣走進道場報到，但老師立刻把我轟出道場。我就這樣被禁止踏入道場將近兩個星

1 柔道技術可分為兩大類「立技」和「寢技」，寢技是摔倒人以後在地面制伏對方的動作，又分為「固技」、「絞技」和「關節技」。

2 透過固定對手關節給予壓迫，使對方關節過度伸直的擒拿技巧。

國中時被我壓制的同學（右三），至今還是好朋友

期，老師才開出「除非我願意在全體隊友面前道歉，才讓我重回道場」的條件。這件事現在聽起來很容易，但對當時充滿傲氣的我來說，卻是一件極為困難的事。但為了能夠重新回到最喜愛的柔道中，我當然還是勉為其難地乖乖妥協了。

直到現在，我才總算明白老師當時的用意。

對一般學生而言，國中是青春期階段，但不同於其他同學，我是一個對柔道懷有滿腔熱情的孩子，不僅熱愛練習，相對在比賽中也是常勝軍。國小比賽拿到第三名就非常生氣，到了國中若沒有第一名，我不但會哭，甚至會有一段時間沉溺在懊惱的世界裡，完全不想和其他人對話。正因過度不服輸的性格，老師希望能夠讓我學會什麼叫做「服輸」，懂得犯錯時能勇於面對，並看清自己的問題所在。

ROUND

3

比出好成績，更大的夢想逐漸萌芽

高中時期，我的柔道成績愈來愈好；高二時，有了能移地去國家訓練中心精進的機會，既期待又有些緊張。到那裡見到的不再是熟悉的隊友，而是來自各個學校的菁英和當時國家隊的柔道選手。可想而知，訓練環境肯定相當嚴格且精實。

那時國訓中心的柔道教練是韓國籍的韓智煥教練，他嚴格的訓練方式是我從沒有體會過的，無論在體能或技巧的訓練強度，都比我在學校時高

高中在海天道館與韓教練和青年國家隊隊友合照

出許多，非常不容易。

嚴格的訓練方式雖說強度高，但其實很有趣。

晨操除了柔道隊的練習以外，有時會和跆拳隊一起踢足球，他們的教練剛好也是韓國人。印象很深刻，踢足球時，所有人都殺紅了眼想辦法贏，因為踢輸了，那天的練習量會沒完沒了。每回踢球時，大家根本就是當作世界杯在踢，不管三七二十一，拚了！

不僅體能上的高強度訓練，韓智煥教練還很愛磨練我的膽量。有一次玩遊戲輸了，老師對我的懲罰便是在大家面前唱歌，當時道場旁邊除了有柔道隊隊員以外，還有其他項目的隊伍成員，不過這些都嚇不倒我，從小臉皮就很厚的我，二話不說直接開始大唱我的主題曲〈舞女〉。

現在想起來會覺得好笑，但其實老師的用意是訓練我們的「**勇氣**」。

每一次站到場上比賽，特別是競技項目，有時除了技術，也要有攻擊的勇氣。

我看過很多選手練習時明明很強，技術很好，但就是沒辦法贏得比賽。其中很大的問題可能是，每場柔道比賽只有短短四分鐘，加上在高壓狀態下，要施展出自己的得意技[3]，其實比想像中需要更大的勇氣。

如此扎實的訓練生活，使得許多人待不到一個月就無法適應，紛紛向父母或教練請求退出。但我認為：「難得可以和其他學校的同學一起訓練，還可以和崇拜且當時臺灣柔道成績最好的學長、學姐請教，真的是很寶貴的機會。」

3 柔道選手於比賽、練習時，屬於個人專長的動作技術。

最後，一起來的錦和隊友都提出要退出培訓隊，只有我堅持留下。當時很怕老師不允許我獨自留在這裡……正當我坐在交誼廳煩惱接下來要怎麼辦時，左訓教練之一、總是殺氣騰騰的后綜高中王淑婷老師走過來問我：「聽說妳們錦和的全部都要回去喔？」我趁這個機會向老師表達想留下的想法。很驚訝的是，老師對我說：「**如果妳想留下來就留下來呀！不要在意別人說什麼，做妳真正想做的事才是最重要的。**」

聽完王老師的建議後，才發現她只是面惡心善，我終於下定決心，鼓起勇氣打電話給黃瑞澤老師講述我內心的想法；沒想到黃老師不僅同意，還非常鼓勵我留下。現在回想起來，真的很謝謝王老師當時的建議，她如同我的貴人一樣。我同時發現每當有煩惱時，試著詢問並傾聽他人的建議，也許能得到意想不到的幫助。

在這之後，我更珍惜這段每天都擁有充實訓練的時光，加倍把握每次練習的機會，除了希望更進步外，我要向大家證明留下來的決定是對的。

高中在海天道館與王淑婷教練（中）合照

雖然留在國訓中心的主因是希望自己更進步，但還有另一個動力是想與最喜歡的大偶像——楊憲慈學姐一起練習。楊憲慈學姐是我國、高中時期，臺灣成績最優秀的柔道選手之一。從國中開始，每當學姐有比賽，我和隊友們會自詡是楊憲慈後援會會長，默默在場邊加油。每一次看到學姐在場上精湛的表現，我就下定一次決心，以後要成為像學姐一樣厲害的選手。

進入左訓，有機會可以和偶像一起訓練，對我來說就像做夢一樣，每天都覺得特別充實且興奮。我把握可以請教學姐的機會，而學姐不會因為我們是相同量級的選手就藏私不指導，直到現在，我仍然很感謝學姐那段時間的照顧。

還有件事情我絕對不會忘記——因為很喜歡學姐，當然得把握機會要簽名照。

某一天的爬繩訓練，這是柔道選手們常見的體能訓練之一，上下約一層樓的高度。憲慈學姐對我說：「如果妳今天可以連續爬五趟，我就給妳簽名照。」這時我的鬥志完全燃燒，奮力爬完第五趟要下來時，心裡雀躍地想：「嘿嘿！簽名照終於可以到手了吧！」但這時學姐又說：「如果妳再爬一趟，我就在照片上面多幫妳加顆愛心。」我又立刻擠出僅存的力量，硬是多爬了一趟，雖然最後手累到幾乎抓不住而滑下來，甚至破皮了，但還是覺得很開心，總之最後真的有拿到學姐的愛心簽名照，一切都值得了！

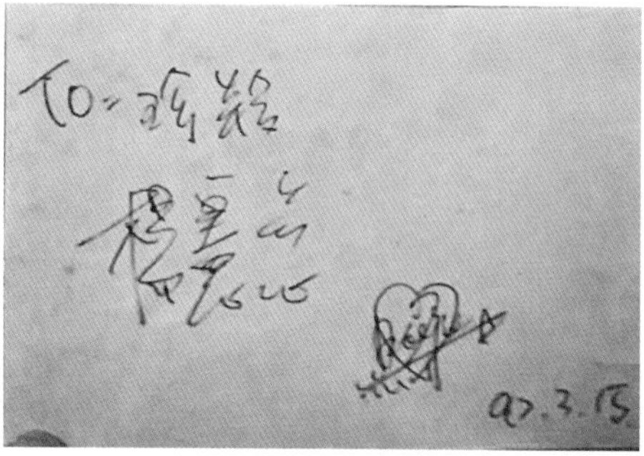

楊憲慈學姐的愛心簽名照

真的很感謝那半年的扎實訓練，不僅讓我在技術、心理上有很大改變，成績也突飛猛進。在那之後，不管是參加國內或國外的比賽，幾乎都能贏得勝利，建立更多自信，我開始萌生了「一定要踏上奧運殿堂」的這個想法。

我還學會如何在外地與團隊的人相處，接下來到日本集訓時，讓我可以很快適應不同隊友和環境的挑戰。

ROUND 4 夢想抉擇：臺灣 vs. 日本

面臨即將高中畢業的階段，對亞洲孩子或體育班的學生來說，普通大學與繼續體育之路的選擇相當重要。我的學業成績在班上名列前茅，當時體育班成績優秀的學生，多數家長會希望把孩子送到警察大學就讀，而我也不例外。但經過國訓中心的洗禮，開始有奧運夢的我，期待的是能繼續精進柔道技術，朝下一階段邁進。若選擇進入警大，課業恐怕變得繁重，會壓縮到訓練時間。相反的，想要朝柔道競技這條路前進，需要專項資源較為充足的環境，體育大學就是更合適的選項。

高中畢業時柔道隊送舊

除了在臺灣就讀大學的選項，黃老師協助我申請去日本國際武道大學交換學生一年。高三之前，我有過兩次去日本移地集訓的機會。第一次是高一與日本高中生練習，第二次是高三與當地大學生練習，也是難以忘懷並影響我很深的經驗。

那次的練習，我徹底體認到自己程度的不足，不管是柔道的立技或寢技，與日本柔道選手真的是天差地別。尤其是寢技的部分，日本的練習時間特別長。在臺灣，練習比重往往以立技為主，不會特別重視寢技。但到日本的第一天訓練，馬上就被這裡的寢技訓練時間和強度來個震撼教育。完成寢技的訓練，我已經筋疲力盡，沒想到老師馬上說：「來，現在開始練習立技！」當時真的欲哭無淚，也讓我對日本的訓練方式留下深刻印象。如果未來有機會留日，我知道日本的訓練環境一定很合適自己。

高三畢業前，我收到到日本國際武道大學留學一年的邀請通知，但由於家庭因素，我錯失了第一次可以去日本留學的機會。

然而，黃老師沒有因此放棄提供協助，雖然當時以甄試第一名考取警察大學，但黃老師認為世上沒有百分百的事，建議我在警大正式放榜前，還是要去國立體育大學報到，以防萬一。

結果真的被黃老師「料中」。

高三時去日本與當地大學生練習

警大正式的結果公布後，那一年顯示為「柔道從缺」……彷彿命中注定一般，我順理成章地繼續朝柔道之路前行，畢竟體育學院的環境可以讓我更專注於柔道訓練。

最後，我終於順利在國立體育大學展開大學生活，非常感謝黃老師當年的提醒。

日本豆知識

日本的飯桌上

在臺灣用筷子夾菜給別人是貼心的行為，但在日本卻是相反。在日本的飯桌上與其他人一起用餐時，不能用筷子接住對方夾過來的食物，日本人認為這種行為像是人過世後火化、撿骨的動作，是非常不吉利的象徵。

我剛去日本時，在一次聚餐中，很自然地要用筷子接他們的食物，當下被大家用很驚訝的表情阻止，才知道這個與臺灣不同的文化。

第二場

勇氣

以為自己有天分，原來不是這麼一回事

”

到日本練習柔道是很多柔道選手的夢想，我也不例外。大學時期眞的實現了這個夢想，柔道不僅對我很重要，也為我帶來許多「幸運」。

“

ROUND

1

屬於自己的柔道

技擊系是我在國立體育學院（現國立體育大學）就讀的科系，同學來自各個運動專項。雖然進入大多數人期待的大學生活，但整體行程與高中並無太大差異，以晨操、上課、下午進行專項訓練為主。不同於高中的是，雖然大一時仍參加青年比賽（二十歲前都可以參加），但同時開始接觸成年組的選拔和比賽。

大一時，我第一次入選成年組的亞洲杯國手，雖然從別人眼中看起來好像是很理所當然的事，但當時我的內心非常雀躍，原來我的實力開始接上成年組的軌道了！

但隨著比賽數量增加，對手的實力、水準也比青年時期高出許多，有一次國內比賽，我不管怎麼比都輸……

那是在大二的時候，我在個人賽連輸三場，心情受到很大的衝擊。在那之前，一年不會輸超過三次，這次居然一天就輸給三個人，我忽然變得很迷惘，不知道接下來該怎麼摔……比完賽後的一個星期，我完全沒有辦法去道場練習，獨自思考到底哪裡出現問題。

回想從青年時代到進入國家隊，接觸外籍教練的機會不少，短短幾年就經歷過日本教練、韓國教練的指導，雖然都是亞洲國家，但摔法相去甚遠，每位教練都有不同風格和重視的觀念。當外籍教練來到臺灣指導時，會用他們國家的摔法做為主要方針，我們必須學習屬於他們的摔法，導致有段時期真的對自己的柔道感到非常困惑。

而在國體柔道隊期間，紀俊安老師是主要帶領我們的教練，搭配韓國籍朴鐘學教練輔助，韓國的柔道摔法比較重視力量和體能，訓練上便以這兩者為主，相對在技術的細節上就比較沒那麼重視。

國體時期接觸到的日本教練二村學

國體就讀期間，臺灣教練主要由紀俊安老師（右二）帶領

我從青年時期開始接觸外籍教練後，剛開始是偏向韓式摔法，後來接觸到日本教練，便學習傳統的日式摔法。日本柔道重視練習的質量，比起體能訓練，他們更在意柔道動作的基本功。光是每天對摔的場次與時間，就比臺灣和韓國多很多。臺灣雖然比較偏向日式摔法，卻沒有像日本柔道那麼細膩。

好不容易慢慢習慣日式摔法後，又變成韓國教練。期間不斷轉換，讓那段時期的我對柔道的一切感到非常凌亂且難以適應。

休息一個星期對我來說是很艱難的決定，但我開始思考休息的意義。藉由這段時間的沉澱，讓自己知道該怎麼改變，我反覆想著如何找回屬於自己的柔道，到底要用日式摔法還是韓式摔法？後來我想通了，雖然接受過不同摔法的磨練，但正因學會了這麼多技巧，更應該試著把這些技巧結合起來，在比賽中做出不同運用，而且輸了又怎麼樣？若能把技巧融會貫通，並在失敗中汲取經驗，重新在大賽贏回來就好啦！雖然中間經歷一段陣痛期，但最後我把兩種摔法融合，反而摔出屬於自己的柔道。慢慢找回感覺後，接下來的比賽中，成績逐漸穩定並找回自信。

與韓國教練朴鐘學（中）的合照

ROUND

2

為了奧運金牌不顧一切，隻身前往日本

大學二年級冬季，練習、比賽情況都步上軌道且蒸蒸日上的我，十二月前往日本參加名為「嘉納杯」（現東京大滿貫前身）的比賽，這是改變我柔道之路發展很重要的一場比賽。

由於先前有去日本移地訓練的經驗，我真的很喜歡日本比賽與練習的氣氛，甚至希望有更多機會可以前往日本交流。即使這並非國家指派的比賽，我仍願意自費前往參加以增加實戰經驗。

比賽進行到第三場，我對上當時日本女子柔道五十七公斤級世界冠軍選手松本薰。每一刻我都全力以赴地面對，任何機會都不放過，就這樣一路激戰到黃金得分制[1]，雖然最後還是輸給松本薰選手，但因為這場比賽的內容，我被站在場邊的山部伸敏教練看見了。山部教練認為雖然我在比賽中沒有取得耀眼成績，但內容很好，覺得我有潛力，問我有沒有興趣到日本山梨學院讀書和練習柔道。這樣難得的機會，我當然二話不說地答應。老師很驚訝地問：「妳不用先與父母討論嗎？」我回答：「即便他們不同意，我還是會過來。」

不過對於每件事情的決定都抱持謹慎態度的山梨學院，希望我能夠確認是否真的可以接受這樣的練習環境與模式，便邀請我隔年一月再到山梨，

---

1 延長賽制度，正規比賽時間結束後，雙方選手均無得分或得分相同的情況下，為分出勝負，直到一方選手得分或犯規為止；黃金得分制期間，任何得分（一勝或半勝）或累積三支犯規（指導）都將立即結束比賽。

與松本薰比賽前的狀態

與日本選手們一起練習兩個星期，確定能否適應。或許是上天冥冥之中的安排，那時正逢過年，加上剛選拔完國內亞洲杯的資格賽，正好有兩個星期的假期，一切水到渠成。

有一個令我難忘的小插曲，出發當天，忘記自己是下午的飛機，學妹們卻都幫我記著。早上我一如往常進行訓練，學妹問我：「學姐，妳今天不是下午要出發去日本嗎？」我說：「是明天出發吧?!」一翻開行事曆……哇！是今天下午要出發，我趕緊回家收拾行李，衝到機場，在起飛前三十分鐘趕上飛機。

會這麼緊張是因為當時通訊軟體不比現在，事前已與山部老師約好接機時間，如果沒趕上那班飛機，老師不僅要在機場乾等，或許還會認為連基本守時觀念都沒有的我，不能到山梨學院參與練習，我可能就會失去到日本學習的機會。

在山梨練習的兩個星期，我徹底被這裡的訓練強度嚇到了。在臺灣對寢技很得意的我，在日本每天迎接我的只剩刺眼的燈光——因為我總是被人壓制在地上——我可能還來不及看清楚對手的模樣，一場練習就結束了。雖然心想：「完了……兩週練習結束，老師應該不會找我去了吧！」但我仍樂於其中，這反倒激起我想留在那裡練習的決心，所幸最後老師仍邀請我到山梨長期練習。

赴日留學對家人和還是學生的我來說，是一個重大的決定。但我真的很想把握這個機會，於是和山部老師談好條件，老師也表示希望我可以從七月開啟旅日之路。眼看夢想就要實現，內心還是有些小遲疑，這個決定真的是對的嗎？回臺後，我選擇黃瑞澤老師做為諮詢對象。

瑞澤老師很支持我，建議我能愈早去愈好。簡單的支持與建議讓我吞下定心丸，默默準備資料並與日本接洽，待全部處理好之後，我告知媽媽：「日本山梨學院邀請我去念書、練習柔道一年，吃住都不用錢喔！」媽媽一聽到免錢便回應：「喔，好啊！反正才一年。」

看到這裡，可能很多人會覺得在日本讀大學只需要一年嗎？當然是四年，但當時我無論如何都要去，又擔心家人不同意，才用了一年的說法。後來再和媽媽聊起這件事時，她說：「怎麼可能一年，想也知道不可能。」聽起來也許很隨興，但我明白那是媽媽支持我的方式，她知道就算天塌下來，也阻止不了我對柔道的熱愛。

然而，旅日之路的開始自然是辛苦的。

人生地不熟是小事，語言不通才是大事。到日本的第一年，需要先去語言學校學習日語，但每天行程相當緊湊。清晨晨操後，要馬上騎腳踏車到車站附近的語言學校上課，下午再回到隊上訓練，第二年才正式開始大學生活。雖然當時已是大三的年紀，但我決定從大一起步，好不容易來到這裡，我想要扎扎實實地體驗完整的四年日本大學生活。

長大後要再學習新語言真不是件容易的事，為了要聽懂老師教的每一個技巧，除了平時的語言課程，我會利用額外時間苦練日語。但光讀教科書不夠，幸運的是，山梨的同學對我照顧有加。日本人很喜歡在家裡聚會，假日時會邀請我參加。剛開始當然無法順利與他們溝通，但我仍逼著

剛進入山梨的第一天

感謝山梨學院隊友的照顧，讓我快速學會日文

自己要努力聽懂他們說的話，最後發現這才是進步最快的方式。另一方面，我也很敢講、敢問，一遇到不懂的地方就會打破砂鍋問到底！

獨自一人在異鄉，除了要熟悉大一的課業外，面對不熟悉的語言，加上繁重的訓練生活，或許有些人會感到孤單。但我不會，我不僅認識到不同朋友，還可以學習兩國之間的文化差異，更體會到團體生活、分配時間與自律的重要性。

ROUND 3

妳不是天才，但可以當一個努力的天才

獨自在日本當然有許多辛苦的地方，以前在臺灣學習時，無論得意技是什麼，各種動作都要練習，對我來說不是難事。不同於臺灣，在日本，一個動作就有很多非常細膩的技巧要重複不斷地練習，例如搶手[2]。

不只是把動作做出來就好，抓的過程中，哪幾根手指出力、抓的位置等，都是他們很重視的小細節。也是在那時，才發現自己的柔道技巧不夠細膩，其實自己沒有想像中那麼有柔道天分……

不過山部老師經常和我說：「**妳不是天才，但可以當一個努力的天才。**」我只能透過加倍努力來彌補不足的天分，反覆練習，讓身體記憶動作。為了練習好一個動作，不管是前輩或後輩，我都會向他們請教。我認為要學會一樣事物，無論對方的身分，只要做得比我好，就要虛心求教。每天除了學校固定的練習外，還會抽出額外的時間，持續練習那個動作。我相信只要堅持不懈，一定可以成功。但其實最難的部分就是「堅持」，一件新鮮的事物也

在山梨學院時期與山部老師的合照

2 抓襟（grip）又稱搶手，以手抓握住對手的衣襟，利用小拇指、無名指和中指緊握對手柔道服，再配合大拇指和食指扣住對手的柔道服來控制對手動作或進行攻擊的技術。

許可以堅持幾天，若兩、三個月都做重複的事情，才是最難堅持下去的。

很多人常問我：「如何把內腿或某個動作摔得漂亮？」我在那段時期深深領悟到，把理所當然的事情孜孜不倦地完成，日積月累做下來的人才能把它變成得意技，而這些小小的妥協就會產生巨大的差異。

我身高一百六十八公分，體重五十七公斤，並非一般人印象中柔道選手應有的壯碩身材，也被很多日本選手說不像會練習柔道的人，但我都笑著對他們說：「以前學校沒有籃球隊，不然我當初去練籃球的話，現在早就在美國了。」

不過我真的非常喜歡籃球，看ＮＢＡ的籃球比賽是我生活中很重要的一件事。史蒂芬．柯瑞（Stephen Curry）是我最崇拜的偶像之一，最主要的原因是，我覺得他在ＮＢＡ賽場上雖然不是具有身材優勢的選手，卻善用自身的長處在ＮＢＡ打出屬於自己的風格，並改變了全世界籃球比賽的樣貌，非常值得學習與敬佩。即便我不是大眾認為柔道選手「應該要有壯碩身材的樣子」，但一樣可以磨練出堅實的技巧，摔出屬於自己的柔道。

我人生中第一面大賽獎牌在二〇一〇年的廣州亞運誕生，當時已在山梨待了一年多。亞運對許多國手來說是場小奧運，對我亦是，第一次參加亞運就能夠拿到銅牌，就好像為接下來的柔道人生添加肥料。

柔道賽事是積分制，賽事等級愈高，選手實力也必須跟著增長。以國際賽事來說，亞洲杯、大獎賽、大滿貫、大師賽、世界杯是柔道選手最常參與的賽事，隨著不同賽制，選手實力也不一樣。

對當時的我而言，大滿貫已是強度很高的比賽。但因為在亞運拿下獎牌，讓我有信心也想挑戰更高層級的比賽，所以二〇一〇年的東京大滿貫，也是我的第一場大滿貫，並拿下人生中第一面大滿貫銅牌。對於這一面獎牌，我心裡非常感動，大滿貫已不容易，而在東京舉辦的賽事又更不容易，因為參賽者有非常多日本強手。

初生之犢不畏虎，奇妙的是，我很有自信地去面對每一場挑戰，最大原因是山部老師坐在教練席上，像吃了顆定心丸。比賽過程中，教練會在背後支撐著我，我只要上場展現出自己的柔道就好。這面獎牌的意義不只是人生第一面大滿貫獎牌，而是和山部老師一起贏得的第一面獎牌。

邁出這一大步後，我開始更有信心地認為挑戰二〇一二年倫敦奧運不是遙不可及的夢想，不過參加奧運還真的不容易。柔道項目若要參加像世界杯或奧運這類大型賽事，期間必須透過亞運、亞洲杯或歐巡大賽來累積積分，到達標準後才能取得資格。

以當時的情況，我能去歐洲比賽的機會不多，只能靠著短期的亞巡賽累積積分。眼看不到幾個月就要結算積分，不得不拚一把！於是二〇一一年十二月，我在一個月內一口氣參加了三站比賽。先到韓國水原世界杯拿到金牌，一星期內又參加東京大滿貫，最後在青島大獎賽結尾。

但人算不如天算，結束密集比賽的旅程後，因為累積的疲勞與降體重的影響下，我受傷了……我的腳已經痛到幾乎無法走路，想當然耳，練習一定也出現問題。檢查後才發現膝蓋的十字韌帶和半月板都受了重傷，需要開刀處理。

當時的心情相當複雜，一方面擔心接下來的積分賽，另一方面不知道多久才能回到場上，但我聽從老師的建議，立即開刀處理。手術完成後，我對累積倫敦奧運的積分仍抱有一絲期望，期間

受傷時，家人第一次來日本山梨看我

積極復健，物理治療師請我做半小時，我就做一小時。除了治療室的復健課表之外，還會詢問隊上有受過同樣傷病的選手怎麼復健，我不想被傷痛打敗，只想變得比受傷前更強健，並以最快的速度回到場上。

兩個月後，雖然傷口還沒完全復原，但想拚積分的我趕在二〇一二年四月底的亞洲錦標賽回到場上，並獲得第二名，當時以為能達到積分標準，之後因傷勢尚未痊癒，便沒有繼續參加其他比賽。可是其他選手仍繼續比賽，最後結算積分反被超越……差了四分，並未取得倫敦奧運的資格。

努力這麼久還是無法取得資格……

那年暑假，心情沮喪的我，一個人留在日本思考了很久，明知道有傷還不懂得保護自己，經過這次教訓，才意識到自己忘了柔道的初衷，同時也認真反省為何造成這樣的結果。下次同樣的狀況發生時，就知道不硬撐才能摔得更長久。慢慢想通，我的目標也轉移了，我想著：「既然不能去倫敦奧運，下一個目標就是拿下全日本學生柔道權大會比賽冠軍。」

全日本學生柔道權大會比賽對日本的柔道學生選手來說，是最大型也相當具有意義的比賽。必須先從校內預選，再通過關東選拔，才有機會拿到參賽資格，若有取得優異成績，也是未來進入會社擔任職業選手的重要指標之一。

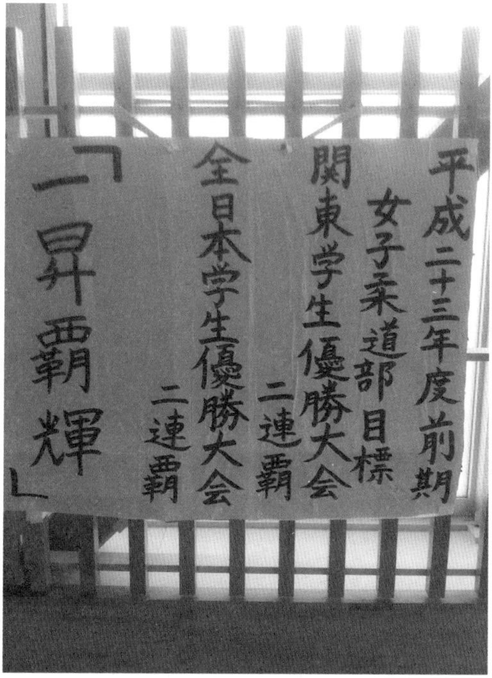

日本很重視團體賽，每年團體賽前，隊上的主務都會製作每年的目標並掛在道場

第一次參加這場比賽是在大二，但只獲得第二名，相當不甘心。帶著這種心情的我告訴自己：「明年，我一定要回到這個場地，拿下冠軍！」

啪！啪！啪！啪！啪！隨著鎂光燈一盞盞打下，大學三年級代表山梨學院的我，已站在武道館的決賽場中央——這樣震撼的場景，是我曾在腦海中幻想過無數次的畫面。

這份震撼無形中為我注入更多力量，決賽中，我打敗來自筑

我在決賽打敗來自筑波大學的武井選手

波大學的武井選手，拿下全日本學生柔道權大會比賽冠軍！不僅得到全日本第一，而且是第一個在這個比賽拿下冠軍的外國人。

雖然得到第一名，令我最開心卻不是這個，而是被刊登上《近代柔道》的雜誌封面，這是我高中時就非常憧憬的雜誌，以日本柔道界來說，相當具有權威，通常都是世界冠軍等級的選手才有機會被刊載。我不僅被刊載，還是在封面，簡直是比拿冠軍還榮耀的事情呀！

全日本學生柔道權大會團體賽冠軍與隊友合照

關東地區的團體賽冠軍與山部老師合照

大三時獲得全日本冠軍，被刊登上《近代柔道》雜誌封面

ROUND 4

成為第一位外籍隊長教會我的事

全日本冠軍後，要升大四了。山梨學院的柔道隊中，教練每年都會指派一位大四學生來擔任該年度的隊長。有點像選班長，誰會當選，心中大多有個底，也完全不會想到自己身上。但宣布之時，老師喊出「連珍羚」的那一刻，我整個人驚呆了！日語還不太好，加上外國人身分……真的是我嗎？就這樣半推半就地擔任山梨學院的女子柔道隊隊長！

隊長最主要的工作除了自己的訓練外，還需要關注其他隊友的狀況，傳達教練交代的事項。如果隊友有需要幫忙的地方，隊長需要擔任與教練溝通的角色，予以協助和支援。山梨學院第一位外籍隊長——也許從臺灣粉絲的眼中看來是一件很光榮的事，實際上，我的內心沒有太多喜悅，更多的反而是困擾。當時認為：「連練習時間都快不夠了，還要處理其他雜事，這樣根本無法專注在自己的訓練上吧！」

剛擔任隊長沒多久，遇到需要溝通的事情時，真的不知道要用什麼方法去和隊友說。我覺得來這裡練習是自己的選擇，做好分內之事理所當然，不是別人說怎麼做，你才知道該怎麼做。

雖然有著隊長的身分，但前幾個月我仍按照平常的節奏生活。除了我之外，還有兩位副隊長，她們對我相當嚴格，總會不時來提醒我該怎麼做，而我也慢慢在這些事件中習慣與適應，畢竟這是與人相處相當重要的一環。

山梨學院柔道隊畢業團照

畢業典禮當天，其中一位平時對我非常嚴厲且常快把我逼瘋的副隊長告訴我：「隊長是妳真的太好了，妳做得很好！」當下真的很感動，因為這一年當中，被責備的次數比被稱讚的次數還多，還好有兩位副隊長的督促。此時此刻覺得這一年發生的一切都值得了。

不過，能當上隊長的疑惑始終留存心中。多年後，我詢問山部老師當初為何這麼大膽讓我當隊長，老師說：「每一屆隊長都有自己的風格，有些人會用強勢的方式管理後輩，但我覺得妳是一個可以以身作則，把自己做好並讓後輩想要跟隨的隊長，加上兩位副手的配合，對整體的團隊氛圍更有幫助。」

回頭看那一年的隊長經歷，真的對我的柔道生涯提供很大的助益。以前我太專注在自己身上，例如柔道比賽，我想攻某個地方，目光就只專注在那個位置，但現在的我會從全方面去看對手，讓自己的視野更開闊。

ROUND 5

嗯！小松會社就是我想讓自己成長的地方

眼看大學生涯進入尾聲，對一般人而言，要考慮的是職涯發展。但之前沒有成功前往倫敦奧運，讓我更堅定地想要繼續摔柔道，完成奧運夢，於是我告訴山部老師希望可以留在日本訓練，以便完成夢想。

全日本第一的這個成績對我能否進入會社是個很大的關鍵，日本對體育項目有完善的職業隊制度，特別是柔道，這個如同國球的項目，深受日本社會重視。能夠進入會社擔任職業選手，也是許多日本柔道選手夢寐以求的願望，如果沒有這個成績，加上外國人身分，更是難上加難。

很為我著想的山部老師仍然非常支持我，幫我找了一間叫「了德寺」的會社，詢問這間會社的好處是可以讓我繼續留在山梨學院練習。等待回覆的期間，小松會社柔道隊來山梨學院進行移地訓練。

關於小松會社，我剛到日本時，早已耳聞是一間最有名、也是訓練最辛苦的會社。那次看到他們的練習氛圍，著實令我吃驚。光是訓練課表就是我平常練習的兩倍多，是相當高強度的訓練。更驚人的是，整個訓練過程中，不但沒有一位選手表現出不耐煩的態度，連喝水、休息的次數都少之又少，從頭到尾扎實地練完。

之後在某場日本國內賽，我在現場認真看著小松會社隊員們的每一場比賽，他們對比賽的態度和奮戰精神都讓我為之動容。後來我加入會社，教練常和我們講：「不要只是當很強的選手，要當大家想為你應援的選手。」我因此更能理解為何當時會被這樣的氛圍感動。

這份驚豔觸發我重新思考想要什麼的動機，「我要去奧運，不只是去奧運，還要拿到奧運獎牌，但在這之前，我必須進步。」如果持續留在原來的環境練習，不跨出舒適圈是不會進步的。我想要去小松會社訓練，並與山部老師討論這個想法，老師也支持我，便幫忙接洽。也許是緣分，很快的，小松會社願意將我納入，我便正式簽約成為社員。

日本豆知識

日本待客之道〔沐浴篇〕

之前去山梨學院練習的那兩個星期，第一天到日本時，時間已晚，便借住在山部老師家。日本人有泡澡的習慣，當我進到浴室洗澡時，他們已為我放好一缸水，可是我洗完後卻猶疑很久，不知道該不該將水放掉？

如果到日本人家中作客並要留宿，日本人會放好一缸熱水讓客人先沐浴，洗完後不需要將水放掉，因為他們家中的其他成員沐浴還要使用這缸水。

第三場

謙虛

第一位臺灣旅日職業選手，日本給我的震撼教育

”

相信自己可以做到，就一定做得到。

“

ROUND 1

淺談小松會社企業部員職業規劃

二〇一四年四月，我加入會社後，由於是外國人身分，並非正式社員，屬於約聘社員。直到二〇一七年續約時，會社認為我能用流利的日文與人溝通，加上各方面表現優異，才簽約為正式社員。

我當年效力的小松會社女子柔道隊有十四位社員，也是加入至今最多人數的一年。會社是由教練進行招募新的柔道隊社員，有些社員甚至在大二或大三時，因在賽場上有亮眼表現，當下就被教練相中而受邀簽約，大學畢業後就能直接加入會社，成為職業隊隊員。

對於小松會社，我的印象始於大四，她們來山梨練習時表現出的自律與堅強，但直到正式加入前，我都不知道他們在日本是如此厲害的企業。

雖然我是三月從山梨學院畢業，四月才正式加入會社，但其實入社的前三個月，就已經利用課餘時間，前往會社了解環境和跟著隊伍訓練。

剛進去時，除了了解到柔道部部員一週必須到公司參加工作三次以外，還獲得許多過去沒有看過的福利，像是提供部員離柔道訓練館不遠的專用宿舍，方便選手進行訓練，並規定全體部員必須入住，以提升部員之間的交流和培養團結力與凝聚力。

除了訓練環境完善之外，會社也相當重視選手訓練結束後的恢復與保養，不僅聘請專業的柔道整療師來道場幫助選手處理大小傷的治療，也有和治療院簽訂專約，提供選手在訓練之外的時間也能去進行治療與按摩，不但保護選手的身體，還可以維持在最佳狀態下面對高強度訓練。

令我印象最深刻的是可以一次領取四套柔道服，對大學生而言，柔道服相當珍貴，一來是價格不便宜，身邊無法有太多套能夠替換；二來是經年累月的練習，道服會泛黃、破損，必須相當珍惜，寧可在練習時穿破舊的道服，也要在賽場上展現出亮麗整潔的形象。

一口氣領取四套道服時，我永遠不會忘記這種喜悅的心情。總教練松岡義之看出我那藏不住的興奮，不過他卻說：「無論接下來妳走到哪裡，都不要忘記此刻拿到道服的心情，因為這一切都不是理所當然的。」

成為第一位旅日職業柔道選手後，第一次來到小松會社的道場訓練，參觀完環境後，內心第一個想法是：「在臺灣如果想要有這樣的環境，就算付錢也不一定找得到。」臺灣柔道沒有職業隊，以我當時的年紀，如果想繼續練習柔道非常困難，必須攻讀碩、博士，以學生身分持續下去，而且沒有薪水（現在若被選為國手，國家培訓隊有支付薪水）。

此時此刻，我站在這裡，不僅有好的訓練環境，而且還有薪水，現在的我是一位責任更重大的職業柔道選手了，一定要好好珍惜。

日本、韓國等柔道發展較為先進的國家，都有企業成立的職業柔道隊，以支持現役柔道選手的生活所需，並投入資源讓選手接受專業訓練；職業柔道隊也提供選手退役後擔任教練的工作機會，或是到母企業負責一般工作，提供選手無後顧之憂的環境，讓選手可以專注在訓練和場上的運動競技專業表現。能夠以外國人身分加入日本職業柔道隊，對我來說是特別值得珍惜的事情。

加入會社的第一年，終於有機會前往歐洲參加更多國際賽事。職業隊的訓練模式與學生時期不同，對我而言，小松會社的訓練強度自然比過去

小松會社訓練狀況

小松會社訓練狀況

更高。雖然熱愛柔道，但頭一年處於適應期，對每天的訓練量仍會感到吃力。

那年，我參加五場比賽，但除了七月的臺北公開賽拿到金牌以外，其他場比賽都沒有成績，讓我感到些許挫折。我心想：「都加入職業隊了，每天練得這麼辛苦，怎麼會這樣呢？」

後來發現成績相當優異的隊友們在第一年的菜鳥時期，也遇到與我類似的問題。至今，回頭看當時的畫面，我想那就是過渡期吧！雖然猶疑，但我一直告訴自己：「如果相信自己可以做到，就一定做得到。」終於在隔年二〇一五年時步上軌道，一口氣拿下五面國際賽獎牌，為二〇一六年的里約奧運增添不少信心。

在日本會社的職業隊，雖然主要工作是練習柔道，但小松女子柔道隊的基本方針不僅單純追求比賽勝利，同時也相當重視選手的社會教育與人格養成，希望讓選手們在運動生涯結束後，不管是做為指導者或在不同領域中，都能成為一流的人。身為小松女子柔道部員，除了柔道訓練之外，也必須到會社與一般員工一起工作。

剛進會社時，與同期選手到石川縣的工廠參加新人研修活動

為了讓選手可以無後顧之憂地專注在柔道訓練且有足夠的安心感，柔道部的部員都以小松會社的正式員工雇用。選手除了平日的訓練，還會被分配到不同部門，每週有二到三天必須從事會社的業務工作，藉此培養選手柔道競技之外的專長，並能體驗企業職場文化，對於未來退休後與社會接軌也有幫助。我被分配到的部門叫做「安全健康推進部」，但不用像一般社員需要整天待在辦公室，通常是一個上午，工作內容則是行政事務或協助同事處理交辦事項。

很多人問我同一個問題：「未來想成為旅外職業選手，需要具備什麼條件？」來日本集訓和長期旅日不同，如果只是短期集訓，周邊的環境與人事物自然看上去一切都很美好。若要長期旅日，必須長時間生活在這裡，要有很強烈「為了什麼而來」的覺悟並下定決心，才有辦法克服可能發生的種種困難，好比出國旅遊與外派到其他國家工作的感覺是截然不同的。

ROUND 2

什麼！上班不能穿牛仔褲?!

對一位社會新鮮人而言，我的第一份工作除了職業柔道選手之外，就是到小松會社上班。小松製作所總部位於東京赤坂，這裡的員工超過千人。印象很深刻的是我第一天到公司真的超級緊張，這樣的氣氛過去不曾經歷過，緊張到連想去洗手間都要問同事：「請問我可以去上廁所嗎？」同事帶著訝異的眼神回我：「當然可以啊！這種事情不需要問我們啦！」

此外，日本真是格外重視禮儀的國家。某天，我穿上新買的牛仔褲上班，到公司門口剛好碰見同事，同事很緊張地說：「啊！妳怎麼穿這樣來上班?!上班一定要穿正式服裝，不能穿牛仔褲啊！」公司與我住的位置搭地鐵需要半小時，正不知所措的我，好在有同事幫忙，讓我請假一小時，我趕緊衝回家換上正式服裝。

上班的穿著

公司內部很看重對上司或前輩的禮貌，日劇裡的日本職場場景真實上演，讓我在裡面學到不少人生道理。在柔道中，不管誰比較早開始練習，看的是年齡與輩分，只要年紀比你大，講話就要使用敬語。

不同於柔道，日本職場依照階級區分，即使主管比自己年紀小，但有做得不對的地方，還是會被指教。我曾在上班時，看到一名主管痛罵比自己年紀大很多的部屬，讓我相當震驚，這些不僅是柔道圈體會不到的，更是日本職場文化基於尊重專業所做的區分。

ROUND 3

Teamwork! 不分國籍的應援團——連桑加油！

小松會社為了讓選手在比賽時能夠更有動力，同時能藉由柔道比賽凝聚員工的向心力，除了女子柔道部，還成立了專屬後援會，目前會員人數超過六千人。

後援會的成員除了一般職員和退職社員外，相關會社、協力會社等成員也包含在內。另外由社員自發性組成的應援團，主要任務是負責國內、海外比賽的應援。小松會社相當重視的全球團隊合作（Global Teamwork），國內比賽時，各個小松集團的社員會到比賽會場應援，海外比賽則有當地的海外分公司職員到場應援，他們會依照日本傳統，在比賽後設宴為我們慶功。除此之外，會社高層管理者會親自到比賽會場，期望女子柔道隊的活躍表現，能夠讓公司上下的社員團結一心。

一整年經歷大大小小的比賽，令我最難忘的是二〇一六年里約奧運，當時一路激戰至銅牌戰，對上日本好手松本薰。她不僅是日本優秀的柔道運動員，也是二〇一二年倫敦奧運的金牌得主，第一次與她交手就是我大二自費參加嘉納杯的那場比賽。

小松會社是日本企業，松本薰又是日本選手，在我們這個對戰組合裡，後援會理應為自己國家的代表選手應援，但場邊的加油團卻和大家說：「等會兒的比賽請全力幫連珍羚選手加油！」這份感動不僅令我難忘，更增加我在那場比賽的動力。

不管在哪裡比賽，小松會社總有成員在現場為我們加油

除此之外，如果遇到世界杯或奧運等級的賽事，會社對我的家人都照顧有加。為了讓家人能來現場共享榮耀，會社會提供機票和住宿，讓他們無後顧之憂地來為我應援。

ROUND 4

小松會社帶給我的成長與啟發

加入小松會社至今已十年，期間經歷過許多事件，但唯一不變的是永遠記得松岡教練對我說的那句：「時常懷抱感恩的心，妳現在擁有的一切都不是理所當然的。」

年輕時，有些事情習慣成自然後，難免會覺得理所當然，例如以前覺得有人陪著我到各地練習、比賽是很正常的事，但經過三屆奧運到現在已是三十六歲的年紀，還能有陪練員和教練願意付出寶貴時間，一起為了我的目標而努力，真的是一件很幸福的事。最重要的是，到了這個年紀還能站在這個舞臺比賽，對我來說格外值得珍惜。

剛進會社時，我不敢主動和松岡教練說話，他看起來很嚴肅，而且練習時間基本上都在罵人。直到三個月後，才發現他之所以嚴格，純粹是希望選手可以變得更好，練習之外的時間就是個和藹可親的老人家啦！

不過自進會社到現在，和松岡教練交流最多的時刻還是在擔任小松柔道隊隊長之後，我的想法不一樣了。在山梨學院時，我本來就不是一直想去關注旁邊的人怎麼做、情況如何的人，但仍努力嘗試做不擅長的事情，盡量學習去看旁邊的人，告訴他「你應該如何……」，努力做好隊長應該要做的事情。

我在小松會社再次成為隊長，經歷擔任山梨學院隊長的洗禮，我覺得每個隊長都可以有不同的風格和個性。這次不刻意模仿其他人，「做自己」成為我的隊長風格。「做好我自己」，讓學弟妹看著我怎麼做，成為他們的楷模。如果每個人都把自己該做的事情做好，隊伍的氣氛自然而然就會好起來，我開始不會想著成為誰或像誰那樣的隊長，而是選擇成為有自己風格的隊長，不勉強做不擅長的事情。

日本每年都會舉辦職業柔道團體賽，只要有職業柔道隊的會社通常都會參加，小松會社當然也不例外。二〇二二年，職業柔道團體賽結束後，小松會社雖然沒有贏得冠軍，但大家坐在一起分享感想時，繼山梨學院畢業後，我再度聽到那句話：「隊長是妳真是太好了！」因為團體賽比賽前夕，我拉傷肌肉，一直無法投入正常訓練，但仍有許多訓練以外的事情可做，像是認真復健或居家訓練，甚至是心靈修養。學妹與我分享她看見這份值得學習的態度——「把自己能做的事情做好」，但我並非刻意要做給她們看，純粹抱持著「專注做自己的事情」的態度來生活。這時我才發現這樣的影響力有多大，就像一間公司，底下的員工都是看著上面的老闆，並持續跟著他們學習，久而久之，便能成為他們的典範。

二〇二二年日本職業柔道團體賽

也許正是這份心態的改變和與教練頻繁接觸後，我忽然覺得松岡教練就像我在日本的爸爸一樣，什麼事情都可以和他聊、向他訴說。我擔任隊長時，也會學習與教練溝通，無論是觀察隊上的訓練狀況，或是隊友的個人狀況，我都可以很自然地與教練討論。

日本會社的教練們很懂得「讓選手好好休息」這件事，教練常對我們說：「無論是休息與生活，開與關要分得很清楚。該放鬆的時候要全力放鬆，該練習的時候就全力練習。」

然而，休息是很需要勇氣的事情，但一位優秀的選手應該要知道什麼時候該休息，什麼時候該專注！

日本豆知識

滿員電車

日劇中經常看到上下班時間，有工作人員站在車門外將乘客推進車廂的畫面，這是真的喔！第一次在日本親眼看到這個場景時，我問車站工作人員：「我可以搭下一班車嗎？」工作人員說：「即使是下一班車，情況也是一樣的。」

要怎麼擠進車廂呢？車門打開後，人必須轉身，身體直接往後倒在人群之中，然後就被定住了，完全動彈不得。

第四場

自制力

學會休息靜心，也是訓練的一部分

”

所有的低潮，都只是爬上下一個更高峰的過程。

“

ROUND 1

從靜心出發

關於練習休息這件事情是經歷過受傷或大災難後學到的重要一課。

我是屬於個性比較急的人，受傷後，總希望除了讓自己以最快的速度回到場上，還要能以比受傷前更強健的狀態回到場上。

除了復健課表外，其他沒受傷的地方還是可以好好鍛鍊，但代表著需要花比平常多好幾倍的時間。復健、治療、訓練的過程中，雖然很枯燥乏味，但我告訴自己要從每一點進步中得到成就感，以便保持努力的動力。例如膝蓋受傷時，從一開始完全不能走，到一個星期後可以跪坐了，兩個星期後可以跑跳了等。

二〇一九年四月的亞洲杯，等著我的不是獎牌，而是救護車的鳴笛聲……我的手肘在比賽中脫臼了，人生第一次在國外搭救護車到醫院。

當時骨頭成錯位的狀態，就算只是坐著不動，受傷的部位仍一直傳來滿滿的刺痛感。就這樣在醫院等了將近兩個小時，才有一位醫生慢悠悠地過來幫我復位。唉……連在國外遇到這麼值得發怒的事情，也只能默默接受，算是一次非常特別且不想再體驗的經歷。

回到日本後，約三個月無法正常訓練。在乏味無趣的復健期間，我閱讀了極地超級馬拉松選手陳彥博的《出發．Run for Dream》，字字句句都讓我覺得精彩，彷彿和陳彥博一起在沙漠中跑步，與他一起經歷每個生

二〇一九年亞洲杯時右手脫臼，經過兩小時的等待，總算成功復位

死關頭，給了我莫大的激勵效果。

「忽然覺得自己好渺小喔！」我邊看邊這樣想。和極地比賽比起來，柔道比賽相對較不會威脅到生命。正因陳彥博的這本書給我的領悟，讓我漸漸放下過度自我放大的感覺，慢慢學會用另一個角度看待發生的事情——靜心。

常有人問我：「每次受傷後，是否會想要放棄？」對我而言，有很堅定的目標在前方，所以在復健過程中，完全不會有放棄的想法。我相信現在所有的低潮都只是為了爬上下一個更高峰的過程而已！

二〇二〇年新冠疫情爆發，很多人開始討論奧運取消的事情，當時我心裡覺得：「怎麼可能？這是奧運耶！」開始意識到真的有可能發生，是

二〇一九年亞洲杯受傷後的復健期間

當年三月初要在摩洛哥舉行的奧運積分賽，準備轉機時，接到通知說因為疫情的關係，這次比賽取消了。

取消?!第一次遇到奧運積分賽取消，這時才認真感受到奧運有可能取消，心裡便緊張了起來。

直到三月二十四日國際奧林匹克委員會（International Olympic Committee，IOC）發布日本東京奧運確定延期，心裡其實鬆了一口氣，幸好不是取消。

四月時，日本政府發布緊急事態宣言，而我在東京所屬的小松製作所女子柔道隊也因此停止訓練，並呼籲選手在這一個月「待在家裡，保持安全」（Stay Home Stay Safe.）。

ROUND

2

要沉還要靜，透過冥想再放慢

我的柔道生涯中，除了二〇一六年里約奧運後有一段較長的休息時間，其他時期幾乎沒有這樣「悠閒」過，接下來不僅要適應幾個月不能正常訓練的生活，更重要的是如何維持過去規律生活中的「自制力」。

要成為優秀選手，自制力真的是很重要的因素之一。平時努力訓練是最基本的，但經過高強度訓練後的「休息」與「飲食」才是更加重要的一環。

以前總認為只要專注在訓練上就會變強，但其實訓練結束後的飲食，才是讓被破壞的肌肉重新生長且變得更強健的重要因素之一。很幸運的，小松會社有聘請專業營養師準備早、晚餐，不管是卡路里的攝取量，還是營養均衡等飲食管理都經過精心設計。更重要的是，訓練結束後已累得精疲力盡，不用自己煮菜就能馬上享用美食，真的是一件很幸福的事情。

當然，我有個人補充營養的小撇步。每次訓練完後和睡覺前一定會補充高蛋白，也更重視碳水化合物與原型食物。休息時間就是修復肌肉的時候，如果睡前多補充高蛋白，修復速度會更快。當然這個方法要配合足夠大的運動量，一般運動愛好者倒不需要做到這種程度。

如果這段期間訓練強度比較高，我還會加強用滴雞精補充，除了訓練後會喝，甚至睡前還會再喝一包。

此外，我開始透過冥想，學習讓生活步調慢下來。我總是很急著想完成每件事情，雖然不是壞事，但常會讓心情處在非常焦慮的狀態。透過冥想漸漸讓自己的心變得更沉穩、生活步調更緩慢。這樣的習慣讓我在面對比賽的高強度壓力下，逐漸能夠以平常心迎接任何挑戰。

冥想這件事是因為在 Netflix 看到電影《冥想正念指南》，前半部描述為什麼需要冥想和對於冥想的迷思，後半部是輕輕閉上眼睛，跟著它的聲音去做就好。於是我每天早晨起床要去訓練之前，會花五到十分鐘冥想，持續一段時間後，發現愈來愈能有效地進入訓練狀態。

我覺得冥想的好處不僅能提升專注力，讓自己靜下心來，要靜還要沉，靜心後再讓身體慢慢沉澱，進而恢復到好的狀態，更能專注於練習或比賽之中。

平常早上起床會進行五到十分鐘的冥想

ROUND 3

遠離手機，不用想著要配合誰

除了心靈的休憩，睡眠對運動員來說更加重要。無論有無高強度的訓練，備戰期間，我會盡量十點前上床睡覺，假日也不例外。有了充足的睡眠時間，才能讓身體加速恢復並將自己保持在最佳狀態。

有些人一到外地合宿，由於飯店的床鋪、枕頭等因素，影響到睡眠品質。但我完全沒有這種煩惱，不管到哪裡，都有「秒睡」的能力，經常被會社的人笑說是老人。常有後輩問我：「連前輩，為什麼妳不管到哪裡都可以好好睡覺？」

我認為睡不著有時是因為被太多雜事所影響，例如手機上癮症。我一直都不是沉迷於手機或社群的人，因為網路資訊很繁雜，看多了容易影響專注度，還會增添許多不必要的煩惱。遇到像是亞運、奧運這類大型賽事時，我會直接把社群媒體的 app 刪掉。人有慣性，即便現在不碰手機，但下一秒拿起手機時，就會不自覺地點開社群軟體，倒不如徹底斷開，讓自己能好好專注在比賽之中。

除了在比賽前和睡覺前遠離手機以外，我會透過旅行來暫時離開社群。很多人問我：「出國比賽有沒有順便觀光？」其實比賽前通常需要調整狀態，很少有機會觀光，比賽後的隔天就回去了。有些時候，即便這個國家不是第一次來，心裡還是會想：「咦?!我有來過這個國家嗎？」因此很少有機會可以體驗當地文化。明明到過那麼多國家比賽，卻沒辦法認真靜下來看看那些國家，確實有點可惜。

近兩年，我開始學習靜下心來感受當地的人文風情與欣賞風景。最深刻的是有次去以色列比賽，也許這裡給很多人的刻板印象是非常危險的國家，但當我真正到了那裡，覺得當地人民非常和善，而且是很漂亮的國家。

尤其是漂浮死海的體驗，真的很神奇，就像在踩不到底的泳池裡面，帶著泳圈漂浮的感覺。

除此之外、小松會社通常在結束大賽後，教練會給我們兩天假期。很喜歡獨旅的我，賽前就會找好賽後要去旅行的地點，以增加自己比賽的動力。例如

以色列旅遊

體驗以色列死海漂浮

海邊或山上，而且是比較鄉下且能夠遠離都市的地方，好好調適、放鬆一番，為奔向下一個階段做準備。一旦心情獲得平靜，賽季來臨時便能更快進入狀態。

旅行的過程除了查詢電車或地圖之外，我盡量不使用手機或社群軟體。

我特別喜歡找沒有收訊的地方，這樣一來，不僅能真正暫時隔離手機，還

一個人旅行，完全遠離社群媒體，不用想著配合誰，達到眞正的放鬆

能讓自己的心脫離柔道一陣子，完全放空，不用想著要配合誰。

我的旅行模式通常是抵達旅館後，才開始研究附近有什麼觀光景點或有趣的活動，因為我不喜歡把行程排得很滿，那樣就不像旅行了。旅行的過程中，常感受到身心靈都被療癒了，接著會有更多力量去面對下一場比賽。

上述看起來似乎不難，但要真正徹底執行其實很不容易。日積月累之下，當大家做相同訓練時，為什麼成績或訓練效果還是有差異呢？我想這些習慣也許就是造成選手差異的原因之一。尤其遇到不可抗力的因素時，保持與訓練期間相同的習慣和自制力就相當重要，並能自我思考如何在有限的訓練環境下成長，也是成為優秀選手之路非常重要的一部分。

從二〇一四年到二〇二四年，一直陪著我到處征戰的防護員詹華蓁

日本豆知識

真的有痴漢

日本真的有很多痴漢，所以日本的地鐵在某些指定的時段都有設置「女性專用車廂」。意指在這個時段，僅有女性可進入此車廂搭乘。

男性朋友去日本旅遊時要注意，如果在該時段進入女性專用車廂，可能會收到其他人的白眼喔！

第五場

友誼

武者修行的魅力，從國外隊友身上學到的事

「友誼」是柔道八項重要品質的其中一項，含義為我們彼此都是平等的，雖然來自不同背景，卻面對相同挑戰。

ROUND 1

相互扶持的摯友——高市未來

用對待自己的方式，同等地對待別人，這份相互是身為人類最純粹的畫面。也因此能夠延伸到柔道「精力善用，自他共榮」的精神；成為優秀選手的這條路上，除了自己的努力之外，更要感謝共同練習的夥伴與對戰的選手。

俗話說：「愈是知己，愈是患難見真情。」我的柔道生涯中，因為比賽或移地訓練而認識了日本、以色列、奧地利、德國、香港、韓國等世界各地不同的朋友。從中，我深刻感受即便來自不同國家、說著不同語言，但因為柔道，讓我們更懂得互相尊重與幫助。特別是二〇二〇年到二〇二二年，全球處在疫情籠罩期間，大家共同的願望是希望疫情可以趕快穩定，我們會持續傳訊息為彼此加油打氣，關心對方及家人的狀況，並期待能趕緊回到柔道場上相見。

待在家裡（stay home）的階段，有時會與隊上最親近的隊友高市未來在房間裡煮菜，各準備兩道菜，她準備日本料理，我準備臺灣料理。日本很流行進行「一品料理」的活動，聚會時，每個人負責準備一道料理與大家分享，當時我們也用這種方法來排解疫情期間的沉悶。

高市未來是比我早一年加入會社的選手，一路相互扶持，走過了三屆奧運（二〇一六年、二〇二〇年、二〇二四年）。在臺灣，若能三度站上奧運殿堂已是很不容易的事情，在競爭更加激烈的日本更是難上加難。我們能夠連續三次一起走進奧運殿堂，這段過程中所有的經歷與患難艱辛，對我來說是無可取代的寶藏。

高市是女子六十三公斤級世界強豪的選手之一，東京奧運時期，亦是非常被看好的選手。結果，我與她雙雙在十六強落敗。因此對於那次挫敗特別有共鳴，互相理解的心情成為彼此心靈上的支柱。正因這份共鳴，讓我們在那段黑暗時期一直互相支撐著彼此，她也是讓我能夠繼續走到第三次巴黎奧運很重要的一位摯友。

就這樣一路互相扶持，克服困難，直到二〇二三年舉辦的杭州亞運，我們終於一起拿下金牌，這不是我們個人第一次拿到金牌，卻是第一次一起在同一場大賽中拿下金牌。這份一起從最谷底反彈到重新站在頒獎臺上最高處的感動，真的相當不可思議，更是難以言喻。

與高市未來第一次在同一場大賽中拿到金牌

ROUND 2

國外資源多？臺灣環境差？資源多＝成績好？

挺過了疫情，終於有機會去國外進行移地訓練，使我變得更加珍惜能夠擁有的一切。雖然疫情之前經常移地訓練，但那時覺得這是一件再正常不過的事。疫情穩定後，第一次去歐洲，當時除了和一大群來自世界各地的好手練習以外，還有時間去體驗當地的風土民情，不僅感到幸福，也覺得十分幸運。過往總是傻傻地去練習，傻傻地回來，有過不同體驗後，終於可以思考每個國家的文化與民風是如何產生的，像德國人比較嚴謹，當地的天氣總是陰天，我想或許天氣也會影響人的性格吧！

除此之外，也體驗到不同國家的練習模式，這些和我在日本或臺灣的狀況迥然不同。以德國選手為例，他們的練習時間非常短，如果要練習柔道技術，通常是晚餐時段才會開始。我非常好奇為何是晚上才能練習呢？德國選手告訴我：「這裡不像日本有很多柔道選手或場地，沒辦法想練習就隨時可以找到人或場地，大部分選手都有工作或課業，要等到各自的事務處理完後，才能一起訓練。」聽到後，我感到非常驚訝，原來同為柔道選手，卻不是每個人都可以想練習就練習，必須所有人的時間能夠配合才有機會訓練。

另外，他們的資源也不如我們想像得豐富。我在當地練習時，德國朋友剛好從匈牙利結束比賽回來，我隨口問他：「你們幾點的飛機回到德國？」他表示是搭巴士來回，教練開車十小時帶他們去匈牙利，比賽結束後，再開車十小時回德國。

回想目前身處的環境，覺得自己真的好幸福。我們經常羨慕國外的資源很多、很好，抱怨臺灣的環境比不上其他國家，但選手成績的好壞，資源也許是適度的客觀條件，但不一定有豐富的資源才會有成績好的選手出現，我認為這並非完全正相關。

比起臺灣，很多歐洲國家更著重籃球、足球等運動項目，柔道通常不是他們的重點項目，但仍誕生出許多歐洲杯、世界杯冠軍，甚至是奧運冠軍。許多歐洲選手投入柔道這項運動是真心喜歡這個項目，也是發自內心參與各種訓練，反觀臺灣有許多選手經常是處於半強迫狀態。

看了各國的實際訓練，我覺得不應該老是抱怨成績不好是因為資源有問題。很多時候，我們只是沒有身歷其境地去了解，當我真正有機會接觸之後，才發現自己更應該好好珍惜現在所擁有的一切。

身為柔道選手和學會英文與外國朋友交流還有一個好處，當我們到達陌生國家，有一群朋友可以帶你去看看當地的風俗民情，是一件很開心的事情。與他們交談的內容也不僅止於柔道，還包含生活、文化等，正是因為透過柔道，才有機會認識彼此，一起看看這廣大與美麗的世界。

練習柔道不只能運用在比賽，透過柔道，還能增進與他國友人的情誼，讓自己的視野更加寬廣。

與德國隊友的照片

上述的感觸之所以會如此深刻，是因為我想起十八歲時與成年國家隊的前輩第一次去歐洲移地訓練，當時我還是沒有什麼成績的青年選手，到了訓練營時，根本沒有選手願意與我對練。雖然內心十分挫折，但同時也默默在心裡下定決心——就算以後變得很強，也不要像那些人一樣自以為是或看不起青年選手，我要累積自己的價值。

經過這幾年積累下來的成果，慢慢站到更高的位子之後，更常去國外移地訓練，通常暖身後，馬上就有許多選手主動來找我對摔，我也特別珍惜與每個選手練習的時刻。因為很了解那種沒有選手願意和自己對練的感受，即便在國外移地訓練，就算是青年選手來找我，我還是會盡全力與她們練習，因為我知道能來到國外移地訓練，對青年選手來說是件很不容易的事情。

進入日本職業隊之後，會社教練為了強化選手的心理素質，會讓年輕或有潛力的選手去體驗名為「武者修行」的訓練方式。所謂的武者修行，意指要一個人隻身前往國外，從報到到住宿、訓練營等事務，全部要自己搞定。我覺得滿有趣的，於是向臺灣柔道總會提出申請，並善用自己黃金計畫[1]的費用，於二〇一八年時，首次開始屬於自己的「武者修行」，這項訓練沒有固定的長度或週期，全看選手的個人安排而定。

我選擇去奧地利的訓練營，但那時的我幾乎不會說英文……

好不容易抵達奧地利後，面對人生地不熟且完全陌生、語言不通的環境，還要自己搭火車再轉當地的高鐵……雖然過程相當緊張且困難，但總算順利到達到訓練單位安排的飯店，那種成就感至今仍記憶猶新。到達飯店後，我被安排與兩位以色列選手同住一間房，當時還是英語菜鳥的我，每天只能用破破的英文和她們溝通。

第一次到奧地利武者修行，與奧地利選手合照

1 體育署針對潛力選手制定的計畫，讓我們有更多經費去規劃完善的訓練與賽程。

至於我的英語有多破呢？當時我們的房間有一張沙發床和一張大床，其中一位年紀最小的選手主動表示要睡沙發床，但她的量級比較重，所以我覺得沙發床對她來說太擠了，於是提出由我去睡沙發床。我想用英文和她說：「我去睡那邊沒關係。」絞盡腦汁硬擠出會說的單字：「Are you ok? You... you... you are big!」

與以色列選手提姆娜．納爾遜－利維（Timna Nelson-Levy）在奧地利訓練營認識並成為要好的朋友

說完的當下，房間的空氣瞬間凝結，一片安靜三秒後，我們三個人一起哄堂大笑。從那一刻開始到合宿的最後一天，我們每天在房間裡都是這樣鬧哄哄但又很歡樂地度過。她們會幫助我練習英文，整個訓練營結束之後，這趟武者修行之旅讓我印象最深刻的，反而是與她們一起度過的充實時光。當我回到日本後，便立刻報名英語會話課，因為這次經歷，我才下定決心要好好學英文。

ROUND 4

學會英語以後，看的世界更寬廣了

我認為武者修行不一定只能用在柔道選手身上，對於所有項目的選手，甚至是每個人都有幫助。你可以嘗試享受一個人的孤獨時光，此時你的求生意志就會浮現，一定能找到方法活下去，回國後，自然而然會有成長。現在只要有外國人來小松會社練習，我都會找機會主動與她們攀談，以便練習英文。

去奧地利之後的隔年，我的英語進步了，因此選擇再次去奧地利參加訓練營。有別於第一次的不安，這次反而是用非常享受的心情去體驗英文能力與心靈的成長，同時交到許多新朋友。對我來說，「體育」擁有神奇的力量，不但能超越國籍，還能讓來自世界各地不同的人，朝著相同的目標交流、前進。我想這就是柔道重要品質中，「友誼」要傳遞給我們的意義。

我大多數的生活環境都在柔道訓練上，其實較多是柔道圈內的朋友，另外一部分則是其他競技項目的選手。我覺得朋友很像反面鏡，不管哪一種類型，一定有能從對方身上學到的東西。例如和某位朋友相處時，可以從他身上看到自己不喜歡的作為，而避免和他做一樣的事情。相反的，每個人身上都有好的那一面，你也可以從他身上學習好的地方。除了一起相處時，可以讓自己處在非常放鬆的狀態之外，訓練時還能互相激勵，成就更好的彼此。

透過與不同項目選手們的交流，對自己面對柔道的心態也有幫助，各個層面都能更加精進，還可以學習到不同的訓練方式，了解其他優秀選手面對困境時的心理狀態，以及該如何調整等。

我特別喜歡「團結就是力量」這個簡單而實用的道理，如同柔道的訓練，想要更上一層樓，不可能只靠自己完成。這個時候，這份互助的力量與共同成長的信念，就在其中自然而然地發酵。

日本豆知識

輩分關係很重要

在亞洲社會，我們與教練比較像是長輩與晚輩的關係，不會直呼長輩的名字。但在歐洲國家，與教練的關係更像是朋友，常看到選手與他們的教練進行溝通時，會直呼教練的名字，這點在亞洲文化裡是很少看到的情形。

第六場

誠意

讓臺灣的柔道被看見
是我的責任

我的前半生幾乎都在為比賽拚戰，希望有一天能站上奧運舞臺並拿到金牌，也期待有一天，臺灣的柔道能被世界看見。

ROUND 1

仁川亞運的意外傷害，體認到重量訓練的重要性

對柔道選手而言，除了奧運之外，亞運也是相當重要的目標之一。

我在二十歲初登板的二〇一〇年廣州亞運拿下銅牌，下一屆二〇一四年仁川亞運時，目標便是鎖定金牌。當時在準決賽輸給日本選手後進入銅牌戰，對上北韓選手，由於對方的力量加上動作施展角度的關係，開賽沒幾秒，不但被摔倒，還因此造成我的右手手肘脫臼。想當然耳，我最後沒有贏得這場比賽……

二〇一〇年廣州亞運初登場並獲得銅牌

關於這場比賽，新聞播報最多的是我拖著手上計程車被送回選手村的畫面。

經過這件事情後，我開始思考身體力量不足的狀況。大學時期，山梨學院還沒有體能訓練的概念，當時日本仍著重在柔道技術的層面。但現代柔道除了有技術以外，還必須有力量，沒有強壯的力量，儘管有高超的技術也無法施展。

復健的過程中，我開始自費聘請一位體能訓練師，除了可以協助復健與治療外，也幫助我加強重量訓練的環節，讓我的身體變得更強健，也能降低受傷的風險。

大家可能會好奇，難道會社沒有體能訓練師嗎？

那個時期如果我們要安排重量訓練，通常要到日本當地的國家訓練中心，才能進行完整的重量訓練，由於我不是日本國家代表隊成員，使用上不是那麼容易。所以在受傷的情況下，又必須拚搶奧運積分的那段期間，有一位專屬體能訓練師來協助，對我來說真的非常重要。

ROUND 2

為里約奧運積分拚戰的日子，有谷本教練真好

拚戰二〇一六年里約奧運期間，最難忘的一件事是與谷本育實教練合作。谷本不僅是我的教練，同時也是小松會社的教練之一，但其實我們年齡相仿，所以關係比較像朋友。谷本教練從二〇一五年開始陪著我去世界各國征戰、拚奧運積分，二〇一六年里約奧運前，最後一場國際賽事大師賽前兩個星期，由於此前我已經參加太多賽事而感到身心俱疲，便很任性地和谷本教練表示不想參加預定好的這場賽事。雖然谷本教練深知這場比賽的重要性，但她沒有立刻拒絕我的請求，只讓我先休息，等身體完全恢

復後再做決定，還表示不管我最後做什麼決定，她都會全力支持。

貼心的谷本教練在我休息的這段時間，特地做了一本專屬於我的「戰略寶典」，針對我每一場比賽的細節，一個個清楚記錄需要保持及改進的地方，當時真的非常感動，所以最後我還是選擇參加大師賽。

第一場就是對上里約奧運銅牌戰的對手松本薰，那場比賽中，我不僅狀況調整得很好，而且是柔道生涯中第一次打敗松本薰選手。

谷本教練真的陪著我一點一滴成長，兩人一步一腳印地走到二〇一六年里約奧運的舞臺上。

為里約奧運積分拚戰的日子有谷本教練眞好

里約奧運期間的谷本教練與我

ROUND 3

二〇一六年里約奧運——我要為臺灣柔道創造歷史

經過千辛萬苦，終於取得里約奧運的參賽資格，當時的心情比自己想像的平靜許多，因為知道到了奧運場上才是真正的開始。畢竟奧運這個舞臺上，任何事情都有可能發生，此時此刻，我所要做的就是「好好開始準備」。

話雖如此，畢竟是第一次，不知道奧運是什麼樣的氛圍。當時大概在比賽前十天就抵達里約，可能是太早到了，一開始反而沒什麼比賽的感覺，再加上當時柔道項目沒有那麼受到矚目，我一直處在很放鬆、沒什麼壓力的狀態，可以完全專注在比賽上。當時只有一個純粹的目標：「我要為臺灣柔道創造歷史！」

比賽當天，走進賽場前的那一刻，內心非常激動。除了懷著努力這麼久，終於要踏進這個夢想殿堂的心情以外，也回想起為了這一刻而選擇隻身到日本，又因些微積分差距而錯失的倫敦奧運。這些年不斷出國比賽，幾乎跑遍整個歐洲，終於，馬上就要站上這個小時候一直夢想的奧運舞臺了！

我心想：「哇！終於走到這一步了，過程中真的受到太多人幫助，憑我一個人的力量，根本不可能站在這裡。」接著帶著充滿感謝的心情，上場摔出屬於我的柔道。

里約奧運第一場（三十二強）擊敗波蘭選手，第二場（十六強）就遇到第三種子，也是倫敦奧運銅牌得主的美國選手。激戰四分鐘後，我以一支指導驚險獲勝（當時的規則是只要其中一方被判一支指導，沒在任何一方以柔道技巧獲勝的情況下，另一方就算獲勝；現在則是其中一方需要累積到三支指導才算輸）。

下一場八強賽的對手是羅馬尼亞選手，由於曾在國際積分賽贏過她，當下便沒有特別留意這位選手。但奧運這個大舞臺就是這樣，一點失誤就是勝負關鍵。這場比賽中，原本想用大內割主動攻擊，反而被對手抓住機會，用了一技反摔而輸掉比賽……本來該拿下的一場比賽，卻因這個失誤輸掉，讓我非常懊惱，但谷本教練馬上提醒我，接下來還有敗部復活賽，要趕快轉換情緒。

敗部復活賽中，面對匈牙利的好手以一技內腿取得半勝[1]拿下勝利。

1 半勝（Waza-ari），近一勝，記分板上顯示一分，兩個半勝可合為一勝。

終於到了銅牌戰，距離創造歷史剩下最後一步！

銅牌戰中，我又對上日本名將松本薰，對我來說感覺就像是命運的對決。我們之間的對戰紀錄是由松本薰選手占上風，我只有輸的份；直到參加里約奧運前夕的大師賽，我終於能在對戰紀錄中寫下一勝！因此，這一次我充滿自信，很有信心能夠贏她，準備好要為臺灣柔道創造歷史。

比賽剩下最後兩分鐘左右，松本薰做出犯規動作，但裁判沒有做出判決，且當下谷本教練並未起身抗議，我以一支半勝落敗，無法為臺灣拿下第一面柔道獎牌……比賽結束後，對於許多支持我的臺灣人而言，谷本教練之所以沒有起來抗議，是因為她也是日本人……但我完全不這麼認為，教練陪伴我征戰這麼多年，內心一定比任何人都希望我獲得勝利，而我認為尊重裁判這件事或許是日本柔道的文化之一。

二〇一六年里約奧運銅牌戰上場前

我在日本征戰多年，真的很少看到教練起身對裁判表示不滿，日本人就算遇到誤判的情況，教練也只會對選手說：「回去好好練習，把自己變得更強，下次再好好討回來！」

另一方面，銅牌賽時，可以聽到小松會社的所有人都在為我加油，明明是臺灣人和日本人的銅牌戰，卻聽到充滿以日文替臺灣選手應援的聲浪，這份感動，我想這輩子都很難忘記。

二〇一六年里約奧運，感謝黃呈堯老師（中）一路的照顧

ROUND 4

沒有練習的時刻，我還是想摔，那就繼續摔下去吧！

里約奧運結束後，我休息了一個月。剛回到會社時，我還沒有決定是否要繼續摔並延續選手生涯。

會社教練體諒我們為了準備奧運所消耗的身心力，沒有要我們立刻回到隊上練習，而是給了我們「自由調整」的模式。意指沒有特別制式的訓練課表，依照自己每天的身體狀況來決定訓練內容，同時能利用這段時間思考下一步的規劃。

當時雖然每天準時到柔道隊報到，有時與隊友一起訓練，有時只是看隊友們練習，有時協助隊上需要幫忙的地方。這段調整期間，我大部分的心情是：「哇！柔道真的太有趣了，我果然還是想繼續摔柔道。」

後來我和一些退役的朋友們請教，問他們當時為何會選擇退役，大部分人都分享說：「我們在比賽過程中有了『我不想再比賽』的念頭，才決定引退。」

當時我完全沒有這種念頭，就決定繼續摔下去了！

ROUND 5

想為夢想再努力一次——續拚二〇二〇年東京奧運

二〇一七年的巴庫大滿貫賽，這是里約奧運結束後的第一場國際賽事，我把它當作一場測試賽，看看自己繼續摔的這個決定是否正確。

這一次，我不僅得到金牌，而且是人生第一面大滿貫系列賽事金牌，更是臺灣女子柔道第一面大滿貫系列賽事的金牌。

這個結果讓我更堅定自己還可以繼續摔下去。

那年我二十九歲，對很多柔道選手來說，可能是差不多要退役的年紀。有了這面金牌的肯定，帶給我非常大的信心，也是加深了我繼續往下走的重要契機。與此同時，我訂立了下一個目標——二〇一八年雅加達亞運，而且目標只有金牌！

八強戰時遇到之前已經贏過很多次的中國選手，沒想到卻意外落敗。當下確定與金牌無緣，心情非常低落。當時我的教練從谷本教練換成一九八四年洛杉磯奧運六十五公斤級金牌得主松岡義之（里約奧運後，谷本教練因生涯規劃而向小松會社請辭），松岡教練面對相當沮喪的我說：「比賽還沒有結束，趕快調整好心態，勢必要好好拿下銅牌，有沒有獎牌是完全不一樣的。」教練的話一棒打醒還在為敗戰懊悔的我，我馬上調適好心情，準備迎戰敗部復活戰與銅牌戰，最後順利拿下生涯第二面亞運獎牌，雖然不是當初設定的目標顏色。松岡老師適時提點的一句話，對我來說也是很寶貴的一課，過去的事情已無法改變，要做的只有好好面對接下來可能發生的事，最重要的是，不要輕易忘記過去的失敗經驗，那些都是讓你繼續成長的養分。

從里約奧運到雅加達亞運這兩年期間，我感受到身心狀態都還在成長，所以雅加達亞運結束後，我毫不遲疑地告訴教練：「我的下一個目標是二〇二〇年東京奧運！」

二〇一八年雅加達亞運銅牌

ROUND

6

夢想之路的意外之客——經紀人瀅瀅

為目標奮鬥的路上，又或者說推廣柔道之路，我需要更專業的人來協助。尤其是現代社會，社群是很重要的媒介，如果不倚靠社群、實體等活動宣傳，很難讓更多人看到柔道的魅力。為了讓自己能專注在訓練上，從二〇一八年開始，我找了經紀人鄭瀅瀅來協助訓練以外的事情。

我是臺灣柔道界第一位與運動經紀人合作的選手，我是屬於個性比較低調的人，最初向我提出這個建議的人是黃瑞澤老師。里約奧運之前，他和我說：「有機會的話，妳要找一位運動經紀人來協助，這樣才更有機會把柔道宣傳出去。」雖然老師這樣說，但我並未認真思考過這件事情，一方面怕影響訓練，一方面臺灣的運動選手不像現在這麼受到社會大眾的重視與關注，也不知道要去哪裡尋找所謂合適的「運動經紀人」。

里約奧運結束後，為了能讓更多人了解柔道，我曾委託相關人士詢問這些事項，而臺灣在那段時期的運動風氣，大多只有負責棒球或籃球的經紀公司，很少有綜合項目的運動經紀人。我曾詢問一間棒球的經紀公司，收到合約後，其中一部分是要求我每年必須從日本特地回臺灣參加一定數量的活動。想法沒有不好，可是身為旅日選手，很難兩面兼顧，與日本教練討論後，覺得如果沒有辦法好好專注訓練，導致成績不好，反而本末倒置，最後便放棄了合作的機會。

直到二〇一六年，因緣際會下，我認識了現在的經紀人鄭瀅瀅。我們不是一開始就馬上簽約，當時她知道我想推廣柔道，建議我應該從經營粉絲專頁開始，並提出願意嘗試協助管理。對於完全專注在柔道上的我來說，能有專業人士來協助，也許對柔道運動項目會有不錯的宣傳效果，因此我接受了她的幫助。

選擇與經紀人合作，除了專業的部分，另一方面，她不是柔道選手出身也是很重要的原因，她可以用一般人的角度來看柔道這件事情。例如柔道人看比賽時會說：「他贏了一個半勝。」可是一般人不了解「半勝」是什麼，我認為藉由非柔道選手去說明柔道規則，可以避免用太專業的術語去解釋，讓更多非柔道人的粉絲可以更容易了解這個項目。於是當我再次和瑞澤老師聊起這件事情，他認為這是很好的機會，並鼓勵我一定要試試看。

幾個月的配合下，終於決定正式簽約。不過合作初期，我非常不習慣「有經紀人」這件事，例如當我們需要用訓練以外的時間討論工作或接受採訪時，我會感到非常困擾，覺得這些事情影響到我的休息時間。過往訓練以外的時間對我而言就是休息，不想再去思考其他事情，所以一開始花了好長一段時間去適應。

向瑞澤老師提出我的困擾與矛盾，瑞澤老師說：「妳要把柔道選手的身分和個人日常的身分分開，如果妳想讓更多人看到柔道，有所犧牲是必然的代價。」這句話對我的影響很巨大，我開始慢慢練習從訓練與工作採訪中找到平衡點。

東京奧運前一年，經紀人協助安排臺灣的運動媒體，特地到日本會社道場進行採訪。雖然順利完成訪談，但當時我還處在手肘脫臼的養傷期間，只是不斷地在心裡吶喊：「到底為什麼還要做那麼多訓練以外的事情啊！」情緒接近爆炸的臨界點。

老實說，真正能接受自己有運動經紀人這件事情，是在二〇二二這一年。

到天理大學合宿時，向日本名將大野將平取經

有一次我和隊友到天理大學合宿時，遇到天理大學出身的日本男子柔道名將「大野將平」，現已退休的他和我們分享很多自己的日常生活，於是我問他：「練習之外的時間，你通常都在做什麼？」大野將平說：「剛剛妳們練習時，我正在開會，討論採訪工作的事情，每天除了練習，還是有很多事情需要處理。」我才發現也許在小松會社裡，沒有人像我一樣需要配合運動經紀人的工作，但許多日本的頂尖選手，也需要額外花時間去做訓

練之外的工作。投射回自己身上，我才慢慢地意識到，原來身為柔道選手，這些訓練以外的事情不僅很重要，也算是一種責任了。

經過這幾年的相處，我覺得運動經紀人對柔道推廣的幫助很大，增加更多一開始不了解柔道的人在關注這個項目，而且人數一年比一年多，這

二〇一六年，認識了對我與推廣柔道盡心盡力的運動經紀人鄭瀅瀅

份效果遠超過我的想像。尤其是每兩年一次的全國運動會，感觸愈來愈明顯，來現場觀賽的人一屆比一屆多，根本不是柔道人過往會看到的景象。

經紀人在每屆全運會都特別幫我設計專屬的應援小物，增加觀眾來現場應援的動力，我也非常喜歡這樣的宣傳活動。

雖然經紀人常說這些成果最主要還是因為選手，但我覺得一位選手就算再怎麼努力還是有限度，若有一位專業的運動經紀人來協助，才更有力量一起朝更高的目標前進。

日本豆知識

計程車自動門

日本的計程車車門是自動的，乘客上下車時不能自己碰車門，要由司機開門後，乘客才能上下車。若乘客自行觸碰車門，在日本計程車司機眼中，是一件非常不禮貌的事（副駕駛座例外，需要由乘客自行開門）。

在日本待久了，回臺灣搭計程車時，常忘記需要自己開門下車，有時到達目的地後，會在車上等到司機大哥問我：「怎麼了嗎？」才突然意識到這裡是臺灣，哈哈！

第七場

榮譽

勇敢面對勝負的世界

”柔道讓我了解超越勝負之外的事才是最重要的。“

ROUND 1

二〇二〇年東京奧運——這就是勝負的世界

時間很快來到二〇二〇年，真是相當紊亂的一年。新冠肺炎開始蔓延，全球各地的人都繃緊神經。衝擊最大的日本不斷在討論東京奧運是否該延期，果不其然，到了二〇二〇年三月中旬，日本正式宣布東京奧運延期一年，這個重大決定間接影響到許多選手。

當時的我已經三十二歲，許多人擔心是否會影響到我要拚戰東京奧運的決定。但對我而言，反而是很好的時機，長年累月的練習，我的身上有不少傷病，那陣子，我的肩膀正處於不舒服的窘境，整體狀態不佳。延期一年，等於多了一年時間可以好好修復和備戰，內心反而很感謝多了一年時間，而且我認為二〇二一年比二〇二〇年準備得更加完整。

東京奧運前，我想像過無數次站在頒獎臺上的畫面。但真正到了東京奧運的戰場上，我還是無法如願站上那個近在咫尺卻又遠在天邊的頒獎臺，甚至在第一場（十六強）就意外止步……

東京奧運的結果讓我在日本武道館崩潰，下臺後，馬上有很多媒體在臺下等待採訪，看見哭到完全無法接受採訪的我，松岡老師說：「無論結果如何，妳都要抬頭挺胸地走過去接受訪問，一定要對一路上支持妳的所有人表示感謝！」

「**這就是勝負的世界。**」對於這個結果，這是我當時唯一能想到的回應。體育世界就是這樣，有贏就有輸，無論準備得多好，又或者所有人都

東京奧運的目標只有金牌

東京奧運上場前，松岡教練給我鼓勵

認為妳可以獲得金牌，但現實就是這麼殘忍，不見得有實力的人就一定能笑到最後，並站上頒獎臺。

東京奧運是我人生遇到最大的挫敗與挫折，對當時的我來說，那些準備和汗水好像都白費了，並不斷否定自己從備戰到比賽做的那些規劃和努力。我低潮了很長一段時間，一直有個死結卡在心中，做任何事情都覺得好悶，練柔道好悶、吃飯好悶、旅行好悶。那段時期的我，完全沒辦法好好享受曾經是我最熱愛的事情。但現在回想起來，反而覺得正因有這段過程，才會有現在的我，這件事讓我的身心都成長了，它不是最大的挫折，而是最大的養分，也轉化為我的成長值。

我也常想，當時應該要更懂得享受這份壓力，這是現役選手才有的特權，除了讓身體處於備戰狀態，心理的健康也該重視，因此，接下來準備杭州亞運時，雖然身體還是會累，但我更重視心理層面的狀況，學習如何比過往調適得再更好一些。

ROUND 2

告別既有的備戰模式——三階段改變

東京奧運結束後，原本打算卸下戰袍的我，在那段低潮的日子裡，開始反覆思考：「如果就這樣結束柔道生涯，我想之後的人生一定會對現在做的這個決定感到後悔。」於是，我做了一個大多數人都不看好的決定，繼續拚戰杭州亞運。同時我也知道，如果再用同一套方法拚戰杭州亞運，肯定會得到一樣的結果。

是時候需要改變了！

然而，改變的第一階段初期，我毫無頭緒，就像無頭蒼蠅一般。雖然嘗試練習新的動作、新的搶手方式，但奧運之後的幾場賽事，大多在預賽就被淘汰，完全找不到東京奧運前的比賽節奏。

與此同時，我開始學習「平靜」地面對事情，我相信每件事情都需要耐心，需要時間，我現在做的努力，只是沒有在這場比賽中看到成效，但還是要繼續努力，相信會在未來的某個時刻會開花結果。「努力不一定有回報，但沒有白費的努力！」這是我很喜歡的一句話。

第二階段，我開始學習「慢下來」，以前會把所有事情排得很滿，步調很快，導致無法用平穩的心去思考事情，但現在我喜歡一個人去旅行，可以讓自己的世界慢下來，好好享受慢步調的生活，更能靜下心來觀察身邊的人事物。

第三階段，我開始更願意與其他人「溝通」，改變過往比賽前一個月就進入「禁聲模式」的習慣。以前比賽前，不管採訪或活動都會被徹底隔絕，總覺得那些事情會影響到我對於比賽的專注度。但現在即便在比賽前接收到非柔道以外的資訊，也會試著用平常心去看待與溝通，把這些事情當作備戰期間的緊張調和劑，去看待生活的不同層面，漸漸的，當我發自內心享受生活的每一刻之後，很多事情自然而然就順暢許多。

ROUND 3

二〇二二年杭州亞運金牌——我相信自己一定能做到

杭州亞運前夕，我開始用年曆和手機日曆倒數，並在比賽當天的日期寫上「優勝」！每過一天就畫掉一格。這個方法對我來說是為了增加動力，早上起床如果還是感到疲憊，只要看到年曆上剩下的天數，就會提醒自己再堅持一下。這也是設定目標的一種方式，累的時候看一下這個目標，就可以忘掉這些辛苦了。

時間總算來到二〇二三年九月二十五日。

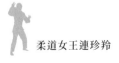

這天我覺得整體的身心各方面都已調整到最佳狀態，開場從十六強出發，一路順順地晉級到四強，對手是中國選手。與這位選手有多次交手經驗，比賽過程中，我感覺到她的狀態調整得非常到位。我們一路拚戰至黃金得分制，到了這個時候，我已經累到快要站不起來了。但當我聽到場下有好多老師和隊友為我大聲加油的聲音，就不斷對自己喊話：「撐下去！撐下去！」最後我真的撐住了，晉級至金牌戰。

二〇二二年杭州亞運前，開始使用日曆倒數

金牌戰對上老戰友，日本名將玉置桃。為什麼說是老戰友呢？我們在國際賽上經常對戰，前前後後與她交手過五次，卻從來沒有贏過她。而杭州亞運的金牌戰上，是第六次對戰，我告訴自己這次一定要扳回一城。

由於彼此太過熟悉，雙方都不敢輕易發動攻勢，正規比賽時間進行三分多鐘時，就各領下了兩支指導，非常緊張、刺激。最後進入黃金得分制，在十五秒左右時，我反摔了玉置桃的單臂過肩摔動作，不過當下的角度可能不是很清晰，裁判並未馬上做出判決，於是我立刻回頭看了裁判，示意他回看錄影。

等待錄影回放的當下，我站在場中央那幾秒的等待過程中，其實沒有抱很大的期望裁判會給分數，所以當裁判宣布這是一支有效的半勝時，我開心地大吼一聲，像是把這兩年累積的壓力全部釋放開來，眼淚同時奪眶而出。

「為什麼連珍羚還要繼續摔？」當下內心再次響起這個很多人質疑的聲音，但**全世界都不相信我沒關係，我一直相信自己一定能做到！**這是我人生第四屆的亞運，這次，我真的做到了！

站在杭州亞運頒獎臺的最高處，國旗歌響起的當下，我又忍不住再次流下眼淚。從東京奧運結束後，所有經歷過的低潮時刻像電影回放般在我腦中浮現，同時我也一邊想著：「明年的巴黎奧運，我也要再次站上頒獎臺的最高處，看著同樣的風景。」

二〇二二年杭州亞運獲得金牌的瞬間，與蔡宜芳教練開心相擁

在這之前有一件很有趣的小故事，東京奧運期間，有一天走在選手村的路上，巧遇剛拿下熱騰騰奧運金牌的舉重選手郭婞淳，恭賀她的同時，婞淳隨口對我說：「學姐，再繼續拚亞運吧！」我發自內心地說：「瘋了嗎？我不可能！」當時一點都不覺得自己還有繼續摔下去的動力。

二〇二〇年東京奧運後，在選手村遇到郭婞淳，她鼓勵我繼續拚戰杭州亞運

之後再次遇到婞淳，是在亞運結束後的選手村房間裡，我對她說：「當年妳和我說這句話時，真的覺得妳瘋了，我根本完全沒想過會繼續摔到亞運，但現在我居然拿到亞運金牌！謝謝妳！」講完自己也不自覺熱淚盈眶，更慶幸自己有繼續堅持走下去。

杭州亞運的結果對我來說是一時的，也許不會對我的人生有多大影響，但這面金牌讓我學到在勝負之外，無論曾經遇到的挫折或成就，柔道讓我成為一個更好的人。

若你問我：「這個結果滿意嗎？」我覺得還有繼續成長的空間，柔道是很重視小細節的運動，勝負關鍵往往就在這裡，如果沒有處理好，可能就會一失足成千古恨。

很慶幸自己有繼續走下去，如果當初選擇在東京奧運後就結束柔道生涯，也許真的會是我的錯誤選擇；走下去之後，那場失敗反而變成我人生中的墊腳石。我常想：如果亞運沒有拿到金牌，一定會有很多人在背後議論，「幹嘛要撐那麼久？」但今天我拿到亞運金牌，人家可能會認為「堅持是種美德」，所以運動選手的成績往往會得到兩種不同說法。以前我很容易被這些評論動搖，但現在已經不太在意了。

二〇二二年杭州亞運金牌

ROUND 4

榮獲十大傑出女青年獎，為巴黎奧運注入力量

二〇二四年巴黎奧運前，我在二〇二三年東京大滿貫拿下銅牌，當時我特別高興，因為這面獎牌是繼東京奧運後國際柔道總會（International Judo Federation，IJF）系列賽事的第一面獎牌。

東京大滿貫在日本舉辦，我認為強度非常高，各國好手都會來朝聖，很開心可以在會社強大的應援下，以及在平常很照顧我們的人面前，展現出自己的柔道，我覺得非常榮幸。

第二十六屆十大傑出女青年獲獎

雖然如此，我知道在奧運之前，拿了幾個大獎賽、大滿貫的獎牌都沒用，如果沒有在奧運贏得獎牌，我們什麼都不是，這就是為什麼要一直往上走的原因。

巴黎奧運前夕，得知自己榮獲年度十大傑出女青年獎，這個獎項需要親自回臺出席頒獎典禮，我特別向會社請假回臺領獎。選擇在備戰期間特別回來一趟，是因為我覺得在自己的生活圈裡，很少有機會接觸到不同領域的人，這個經驗對我來說會產生不錯的刺激效果。

整個頒獎典禮過程中，坐在臺下聽著每位得獎者的經歷，覺得自己很渺小，我只不過是為了夢想而努力，但這世界上有一群人是這樣低調地為社會貢獻，為了讓這個世界變得更美好而默默付出。能與這麼優秀且謙虛的人們一起站在臺上接受頒獎，我覺得非常榮幸。我在這次交流中獲得很大的能量，能夠去面對接下來巴黎奧運的挑戰！

ROUND 5

二〇二四年巴黎奧運——笑著接受一切結局

備戰巴黎奧運時，從準備過程到站上奧運舞臺，心情都非常平靜，甚至很享受這段期間的每一刻。

東京奧運前，我給自己太多壓力和不必要的包袱，奧運明明是所有運動員嚮往的舞臺，把自己畢生所學的技術和能力都發揮出來是每個人的夢想，這些包袱反而成為絆腳石。但經過這幾年的成長，我不再那麼容易隨著每一天的備戰狀況而影響心情，這次，我要全心全力地好好享受比賽。

比賽當天，除了日本小松會社的加油團和我的家人以外，會社也特別讓我邀請在日本的恩師山部伸敏教練到巴黎現場為我加油。

還在山梨學院的時期，只要有山部老師坐在教練席上，我總能特別感到安心，雖然這次老師不是坐在教練席上，但人生最後一次奧運比賽，可以在山部老師面前捧出自己的柔道，我覺得非常安心與幸福。

二〇二四年與臺灣柔道隊楊勇緯、林真豪第二次一起征戰奧運

二〇二四年巴黎奧運，謝謝高市賢悟教練一直陪伴著我

巴黎奧運比賽當天，山部老師坐在臺下看比賽，讓我感到很安心

ROUND 6

最後，我在巴黎奧運的第二場十六強止步了

關於為自己寫下的結局，我並不滿意。

就算是第三次挑戰奧運，我的目標一樣是金牌！為了達成目標，我從來沒有想過放棄，一直走到現在。但無論結果如何，我已經盡力將畢生所學全部發揮出來，沒有遺憾。

從第一場三十二強的比賽開始，我都抱持著感謝的心情上場，因為我

知道：「如果只有我一個人，沒辦法走到第三次奧運的舞臺。」

十六強賽結束的那一刻，我第一個想法是：「終於結束了！」

還是年輕選手時，只需要專注練習，可是到了現在這個年紀，面對的不只是練習，還有更多生活細節要注意，每天必須處在非常規律的生活狀態，包含做的每一件事、吃的食物等，全部都要經過思考後才能執行。因為年紀就是運動員的關鍵，年紀愈長，愈需要花更多時間為練習做準備，也要非常小心保養身體，才能維持在最佳狀態。比賽結束時，我感覺自己終於「解脫」了，無論結局如何，都要抬頭挺胸地接受這個結果。

走下臺後，這一次，不再感到遺憾了。而是覺得到了這個年紀，還可以站在場上比賽，還有這麼多人為我加油，真的很感動。雖然很想哭出來，但努力將淚水忍住，過往無論贏或輸，總是在哭，這次，我想要笑著離開舞臺。

二〇二四年巴黎奧運，抬頭挺胸，不留遺憾地笑著離開舞臺

我也很開心最後一次能笑著離開舞臺。

柔道對我而言是什麼？

柔道就是我的人生，也是我的全部，就是這麼純粹地喜歡，才有辦法堅持這麼久。

走過三屆奧運，雖然最後還是與獎牌無緣，但柔道這個項目總算獲得愈來愈多人關注。

柔道雖然是一項運動，是一個有勝負的項目，可是它造就了我成為更好的人，不管是做人處事或生活態度，柔道讓我持續成長，讓我了解超越勝負之外的事才是最重要的。

我想說：「**這一生能成為柔道選手，真是太好了！**」

——後記·這群人眼中的珍羚——

凡事有自己的主張，不要受別人影響

黃瑞澤老師

如果問及連珍羚柔道人生中最感謝的老師，一定是目前任職於國立蘇澳高級海事水產職業學校的柔道教練黃瑞澤老師，他是連珍羚在中學時期的柔道教練，與連珍羚亦師亦友，連珍羚高中畢業至今，舉凡遇上疑難雜症，黃瑞澤老師都是最佳的傾聽者。

銀牌的眼淚，看出連珍羚的鬥志

談連珍羚之前，一定要先聊聊柔道。柔道是一項很強調經驗值的運動，它在競技項目中屬於開放式運動，意謂著必須很早開始起步。

黃瑞澤老師表示像連珍羚這一群柔道學生，從她們國小時就要開始布局，加入社團接觸這項運動。不過連珍羚相當努力，從國中開始，柔道成績蒸蒸日上。說著說著，黃老師拿出連珍羚國三的照片，當時她參加全中運比賽，輸給同學，僅獲得第二名，照片中的她，哭到臉都腫起來了！

但黃瑞澤老師說，從這張照片的小細節中，便可以看出連珍羚是非常有鬥志的孩子，雖然身體素質不好，需要靠很多技術輔助，透過環境來造就她，但她想「贏」的鬥志卻扎實地彌補了天分上的不足。

國中犯錯屢勸不聽，疼痛教育讓連珍羚記一輩子

若要說起國中印象最深刻的事件，連珍羚最常提及的是曾在練習時，用了不當方式壓制同學而遭到黃瑞澤老師處罰停練兩個星期。黃瑞澤老師

笑說已經忘記這件事情，但他強調這絕對不是單一事件。處罰連珍羚之前，她就已經有發生過類似事件，但屢勸不聽，因此老師決定給她「疼痛教育」。

所謂的疼痛教育是指已經警告過的事情，仍然無法改進，只得想辦法讓妳永遠記得。老師也笑說：「我觀察連珍羚很久，如果用這樣的方法，我賭她不會跑掉。」不過老師補充，時代不同，教育方法也不一樣，那個時代真的不是情緒發洩的體罰，這種疼痛教育不存在法規的允許範圍，或者適當教育的手段的問題。

黃瑞澤老師認知到連珍羚未來肯定是位強者，但強者有時容易走入自我認知的情境裡，和世俗的標準絕對不一樣。如果那個時候沒有一些實質而深刻的教育記憶，有些她認為的價值觀很有可能會延續到現在。

進左訓訓練改變個性，要有自己的主張

黃瑞澤老師一路帶連珍羚到高中畢業，高二時，珍羚的柔道成績愈來愈好，有了去國訓中心集訓半年的機會，那是她第一次踏進扎實又嚴格的訓練環境。但正因訓練很辛苦，大多與她同批進入訓練的隊友們受不了這份苦悶，決定中途退出，回到臺北。

當時的連珍羚很享受那樣的訓練環境，想留下來，卻又不知如何向瑞澤老師說明，最後還是鼓起勇氣和瑞澤老師訴說自己的想法。瑞澤老師認為在國訓中心的這段時間，連珍羚成長很多，也認識很多厲害的柔道學長姐。珍羚也表示到了國訓中心後，她的個性才真正開始改變，以前的她總是想做什麼就做什麼，但到了左訓後才發現，在外面必須多觀察並配合團體的腳步。

瑞澤老師早就發現這一點，聽了珍羚的想法後，他不僅支持，且對珍

與瑞澤老師合照

羚說：「不要受到別人的影響，要有自己的主張，自己做決定。」因而讓連珍羚更加堅定一定要努力完成左訓中心的訓練。

臺灣vs.日本，要適時把握機會

面臨考大學時，無論是家人或其他師長，大家都認為連珍羚可以考取警察大學，但瑞澤老師覺得世上沒有什麼百分之百的事情，要依照時事的變化調整，他建議連珍羚除了警大，一定要再考一所大學。

看著珍羚對柔道的熱愛，加上臺灣當時柔道環境的資源與訓練不足，瑞澤老師還協助珍羚申請到日本的國際武道大學做交換學生。但由於珍羚年紀還小，父母實在不放心，且在語言不通和經濟負擔的多重情況下，不同意讓女孩子獨自闖蕩，因此便放棄了這次去日本留學的機會。

後來珍羚進入國立體育大學就讀，當時柔道隊開始聘請外國教練進行教學。期間，珍羚遇過日本教練二村學和韓國的朴教練，在兩位教練的指導下，技術不斷成長，也將學習到的內容運用到大二前往日本的嘉納杯比賽中，因而受到山部老師的注意，開啟珍羚去山梨學院學習的機會。那次珍羚在內心告訴自己絕對不能再失去機會，便跑去找瑞澤老師詢問該如何抉擇。瑞澤老師告訴她：「妳應該遵循自己內心的想法，人生的機會只會一次一次地流失。」有了老師的支持，珍羚便毫不猶豫地開啟旅日之路。

獨身海外好孤單，透過文字紓解壓力

隻身一人來到陌生環境總有些不習慣，那時的珍羚仍與黃瑞澤老師保持聯繫，分享她在日本遇到的人事物。瑞澤老師則建議珍羚可以把每一天遇到的事情和訓練都寫成日記記錄下來，瑞澤老師說：「文字是透過內化再產出的結果，透過撰寫心得的過程，妳可以先重新思考一遍，無論文筆與文法如何，即便只是流水帳，甚至有時無形之中加注幾句話都好。當有天身分不同後再回頭看看，就會明白那時為什麼需要這樣做。」那本日記陪伴珍羚好幾年，她也藉此來抒發壓力。現在的珍羚偶爾會打開看看過去的自己，怎麼看還是覺得挺有趣的。

我們不能干預人的心之所向

二〇一六年里約奧運，連珍羚獲得女子五十七公斤級第五名，創下臺灣柔壇當時在奧運的最佳成績。除了珍羚覺得沒有遺憾之外，當時的她也考慮是否要就此結束選手生涯。黃瑞澤老師則認為珍羚非常幸運，不是每個人都有機會代表國家比賽，還可以接受到像這麼友善的日本所提供的豐富資源。

此外，老師認為珍羚的這個結果，雖然不容易，但也有些可惜。因此建議她應該尋找經紀人協助，讓更多人知道一個女孩子在海外為柔道努力的過程，二來是對柔道選手未來生活的保障。做為在柔道界有影響力的選手，連珍羚應該要有更多曝光機會，讓大家知道她、認識柔道。

起初連珍羚聽到這樣的建議，沒有辦法馬上接受，但老師也說：「好的選手本來就很難去考慮到這個部分。」不過最後連珍羚還是接受瑞澤老師的建議，尋找適合的經紀人並給予她宣傳上的協助。

老師也補充說在二〇一六年之後，他們的想法與觀念漸漸無法與珍羚連結，畢竟那個時期的她在達人社會（日本）待了七、八年，很多看事情的角度已經無法用過去傳統的價值觀看待。

例如珍羚已經不會再為未來工作該何去何從煩惱，而傳統社會卻仍為她擔心接下來應該結婚生子、有一份穩定工作等所謂的人生大事操心。但老師也說到經常和同輩的人說：「我們和孩子講自己的期望，和現在教珍羚要不斷超越的時空背景相互違背。我們可以善意提醒，但仍要尊重連珍羚，成功的人所做的決定是從他的靈魂和歷練衍生出來的，如果你沒有這個經驗，和他建議這些事情要特別小心！」

對於未來，我們不應該以世俗的經驗去干涉一個人的心之所向，除非他發自內心地認為不想繼續。里約奧運結束後，老師只建議連珍羚考慮事情時，不能再單純從選手該做什麼的方向去思考，至於什麼時候才是應該結束選手生涯的時機，沒有人可以干涉。

東京奧運考驗著連珍羚，創造看見未來的能力

連珍羚經過一番思考，還是決定繼續摔柔道，也因此努力朝二〇二〇年東京奧運的目標邁進，最後卻意外在第一場就提早結束奧運旅程。

瑞澤老師回憶這段過往，其實東京奧運開賽前，他曾仔細研究連珍羚當天的對手，經過一番專業的剖析後，老師對太太說：「連珍羚要很小心這位選手，可能會和她纏鬥很久。」結果確實如此。

東京奧運結束後，連珍羚非常傷心，但老師安慰她說：「有些事情是

上天給妳的考驗，當妳走到重要階段時，或許可以用自己的經驗法則看過去的總總，相對妳也會有能力看到未來該怎麼走。」老師再補充說明，際遇是自己創造，像連珍羚這樣的強者，現在決定要參加二〇二四年巴黎奧運，我一點都不意外。

除了訓練部分，連珍羚經常和黃瑞澤老師探討未來的事情。珍羚期許將來可以在臺灣成立柔道職業隊，瑞澤老師則認為臺灣社會目前還未發展到這種程度，建議她可以先從發展社會人柔道隊開始，再一步步往後規劃。但無論在巴黎奧運之後，連珍羚的去向為何，最重要的還是那句話：「凡事有自己的主張，不要受到別人影響。」

與生俱來的能力不如好好努力來得實在

山部伸敏老師

現任山梨學院柔道隊總教練的山部伸敏老師，是連珍羚旅日人生中相當重要的導師，連珍羚之所以有機會前往山梨學院念書、練習柔道，就是由山部伸敏開啟的。

山部老師與連珍羚的相遇——原來臺灣也有好的柔道選手

連珍羚到日本比賽時，被山部老師看見，因而受到邀請開啟旅日生涯。山部老師表示，實際上，他在連珍羚高二時就已經認識她。當時，連珍羚與臺灣柔道隊前往山梨學院進行交流練習，山部老師認為雖然臺灣整

杭州亞運拿到金牌後去找山部老師時的合照

體柔道程度不是很高，但看到珍羚時，才發現原來臺灣也有好的選手，因而對她有著相當深刻的印象。

直到珍羚十九歲時，她到日本參加嘉納治五郎杯——東京國際柔道大會（現東京大滿貫），山部老師便特別關注珍羚和松本薰的這場比賽，雖然珍羚沒有贏得勝利，但山部老師卻從中看見她是非常有潛力的選手，於是賽後就詢問連珍羚是否有意願再來山梨練習。

那時連珍羚收到這樣的邀請，毫不猶豫地馬上回答：「好！我要去。」山部老師說：「這一點很符合連珍羚的個性！」隔年一月，連珍羚就過來山梨練習了。

連珍羚能成為旅日選手的四個理由

「練習時一定會徹徹底底地把該做的做好。」這是山部老師對珍羚的評價。

雖然只是短暫的訓練，但從這個練習中，老師觀察到以下四點，也是足以認為她能長期在日本生活的理由：

一、雖然珍羚的身材非常瘦小，但她摔柔道完全是所謂的日式風格。此外，雖然她的力量不大，但在練習時，動作之中沒有不好的習慣，只要加以磨練，一定會繼續成長。

二、連珍羚的心理層面非常積極且正向，老師教的內容都很努力吸收、學習，足以成為帶動團隊向上的力量。

三、雖然珍羚當時完全不會日文，但她還是很積極地和隊友們溝通，山部老師開心地說：「我看到這樣的畫面覺得『揪感心』！」

四、連珍羚吃飯時，除了納豆以外，面對其餘日本食物，她總會說：「歐一系、歐一系！」老師覺得非常開心，畢竟能習慣異國食物，才有辦法生存下去。

山部老師看到以上這幾點之後，就非常確定珍羚到日本念書絕對沒有問題。因此在珍羚完成練習要回臺灣之前，便正式詢問她是否願意來山梨學院就讀四年制大學。

連珍羚再次毫不猶豫地回答：「好！我明年要來念山梨學院。」

山部老師形容珍羚的個性非常積極，遇到事情會想要嘗試、挑戰，他說：「連珍羚有種很率直且想要勇往直前的心。」

山梨學院在日本是柔道程度很頂尖的學校，學生們的柔道實力非常堅強，練習也十分辛苦。雖然如此，連珍羚還是堅持要留在這裡訓練，因為她希望自己可以變得更強。

與生俱來的能力不比好好努力來得實在

連珍羚到日本後才發現自己沒有柔道天分，但山部老師時常勉勵她：「妳不是天才，但可以當一個努力的天才。」這句話對連珍羚的影響非常大，也一直帶著這句話鼓勵自己要好好練習。

對山部老師說來說，天才的意思是指與生俱來的能力，而願意好好努力完成一件事情，也是人的一種特質。老師表示在日本見過太多柔道天才，他覺得連珍羚不是沒有練習柔道的資質，真正沒有柔道資質的人是無法參加奧運的。比起與生俱來的天分，珍羚擁有更多的是毫不猶豫朝目標前進的行動力，這種資質比起與生俱來的天分更加可貴。

誰擁有好隊長的表率，只能是連珍羚

二〇一三年，連珍羚成為山梨學院柔道隊隊長，也是山梨學院的第一位外國人隊長。這個結果令當時的連珍羚非常訝異，她一直不明白為何老師會選擇她來擔任隊長。山部老師回憶起這一年，珍羚在全日本學生權比賽中獲得冠軍，他心裡想：「如果要選擇一位選手來擔任隊長，這個人只能是連珍羚。」連珍羚是當時隊伍中練習量最大的選手，然而，雖然她是第一位被選為隊長的外國人，但她還是可以將隊員們集合起來，一起跟著她進行如此大量的訓練。

「身為一位隊長，領導力很重要。」山部老師說。

比起用嘴巴說，所謂的領導力是指用行動力並自主地做好該做的事情，才能成為表率，這樣的人才最具有領導力。

山部老師再舉例：「一般學生如果練習很累了，會直接將情緒表現在臉上，但珍羚不一樣，即便再辛苦，她也不會顯露出討厭的表情。不僅如此，她還可以讓整個團隊的氣氛都變得很快樂。」

何謂優秀的柔道選手？

身為一位教學經驗相當豐富的山部老師看過各種類型的選手，老師認為人有百百種，柔道選手也有百百種。一位優秀的柔道選手要學會利用自己的特徵和特點來從事這項運動，在比賽中能夠好好地將自己的柔道發揮出來，用自己的柔道來戰勝對手。

柔道是一對一的比賽，過程中看似和對手比賽，實際上是和自己比賽。準備比賽的過程中，要研究對手，雖然想出策略來對付對手很重要，但到了奧運會這種層級的大賽，彼此實力都很接近，最重要的是克服自己的一切阻礙。如果想要贏得比賽，必須要用「克己心」的態度來戰勝自己，不要輸給自己。

珍羚來到山梨學院有五年的時間，後來為了讓自己的柔道實力更進步，又選擇加入頂尖的小松會社。然而，訓練非常辛苦，一般人在這樣高強度的環境底下練習四年，通常不會選擇繼續，但連珍羚卻在大四時和老師表示想繼續留在日本練習，讓自己變得更強。

山部老師表示自己看過很多選手，能夠從國外來且保持現役選手身分持續生活那麼長的時間，除了珍羚，沒有其他人，山部老師讚美連珍羚真的是一位很厲害的選手。

山部老師的期許

不知不覺，連珍羚在日本待了超過十年的時間，各種大賽上也獲得過很好的成績。山部老師認為她將會在巴黎奧運迎來最終的戰局，期許連珍羚能夠利用這十年間在日本累積的柔道所學，好好地在巴黎奧運上發揮出來，進而獲得獎牌。除此之外，雖然在奧運會獲得獎牌是很重要的目標，但山部老師還有一個願望，就是希望珍羚未來可以成為臺灣與日本柔道之間一座很好的橋梁，這是更重要的事情。

她總是站在最前面

松岡義之老師

連珍羚是臺灣第一位旅日柔道選手，她在二〇一四年加入世界級企業——小松製作所的女子柔道隊。身為小松女子柔道隊的總監督松岡義之老師是珍羚在職業隊期間相當重要的老師。松岡義之不僅是小松會社的總監督，也曾是日本男子柔道運動員。松岡老師曾在一九八四年洛杉磯夏季奧林匹克運動會中，參加男子柔道比賽並獲得六十五公斤級金牌，在日本柔道界相當具有影響力。

珍羚在山梨學院四年級時，與山部老師提出畢業後想留在日本練習的想法。當時小松女子柔道隊來到山梨學院練習，珍羚看到這個會社整體的訓練狀況與強度，便認定那是自己想要加入的地方，因此她請求山部老師幫忙協助與小松會社接洽，最後順利加入。

加入小松會社柔道隊的理由

松岡老師表示，其實接收到山部老師的推薦之前，他就有注意到連珍羚，小松會社和山梨學院每年都有幾次集訓的行程，珍羚還在山梨學院時，就知道她是一位非常認真的選手。

另一方面，小松是國際化程度很高的公司，曾接受過韓國、美國、加拿大、德國等地的隊員來練習，再加上珍羚活潑開朗的性格，松岡老師認為如果連珍羚選手可以加入小松會社，對整個柔道隊來說是加分的。

連珍羚回憶自己剛加入小松柔道隊時，一下子拿到四套柔道服，感到非常不可思議。當時松岡老師便提醒她說：「時常懷抱感恩的心，妳現在

與松岡老師合照

擁有的一切都不是理所當然的。」珍羚認為這句話相當受用，便一直謹記在心，時時提醒自己。

松岡老師則認為上述的話語是每位柔道選手都應該清楚明白的。柔道雖然是個人的競技運動，但光靠一個人沒有辦法練起來，進步的過程需要對手、教練、陪練員等人陪你一起成長，以及公司對你的支持，才能心無旁鶩地好好練習，因此，松岡老師經常提醒選手不要忘本。

小松柔道隊第一位外國人隊長，她總是站在最前面

連珍羚加入會社後經歷了三屆奧運，最初因為是外國選手身分，先從契約社員開始執行，條件是希望珍羚可以拚進里約奧運。里約奧運的結果，連珍羚獲得第五名，只差一步就可以獲得獎牌，松岡老師說：「在那之後，公司看到珍羚在這部分的努力，就把她升等成正式社員。」

珍羚在二〇二〇年到二〇二三年間成為小松柔道隊隊長，與在山梨學院時期一樣，是第一位外國人隊長。問及為何會選擇珍羚擔任隊長，松岡老師表示：「一方面是日本很講究年紀，如果年紀太小，沒有辦法擔任太高的職位，珍羚練習時非常認真，總是站在最前面，可以帶領大家往前走，加上開朗的個性，可以在練習中讓氣氛變得很好。」

無論是什麼身分，珍羚被升等成小松會社的正式社員後，便持續努力，朝二〇二〇年東京奧運的目標邁進。備戰東京奧運的過程中，松岡老師認為若以年紀考量，這應該是珍羚最後一次參加奧運，她應該能夠將畢生所學發揮到最極致的狀態。

東京奧運一輪遊？松岡老師：「說再多也沒用。」

可惜天不從人願，珍羚還沒有發揮出全部的能量，就在第一場比賽敗下陣來，老師遺憾地說：「非常可惜。」回憶當時珍羚下場後哭到不能自已的臉龐，松岡老師表示當下想了非常多，卻不知道要和珍羚說什麼，因為連他都預想這次的比賽，應該可以照著連珍羚預行的路線前進。

松岡老師表示：「這四年來，一路看著連珍羚為了奧運的目標而用盡全力，當下一直在想有沒有什麼話可以安慰到她，但最後還是決定以『這四年間，妳辛苦了』來總結這場比賽，因為說再多也沒有用。」

和連珍羚的願望一樣，松岡老師期許她能夠在二〇二四年巴黎奧運再拚一次。但如果以年齡來說，現在的體力一定不如年輕時的狀態，比賽過程中，需要特別注意體力分配，也必須讓技術更全面一點，最後就是有一顆真摯面對柔道的心，柔道之中的心、技、體，三方面都要非常充實準備，才能獲得獎牌。

連珍羚的成長

珍羚加入小松會社至今已十餘年，松岡老師認為她在各方面都有所成長。回憶連珍羚剛加入小松時，和很多選手一樣，想要快速變強而看不見周圍的事物。例如比賽輸的時候，情緒會變得很消沉，無法快速調整。但很多時候，比賽還沒完全結束，也許後面還有敗部復活賽甚至是銅牌戰，不趕緊轉換心情是不行的。

雖然連珍羚最初加入時，這方面做得不是很好，但經過這麼多練習與比賽的磨練，現在的珍羚能漸漸調整心情，冷靜下來，想辦法將自己在柔道上的優點善用到下一場比賽，不要讓情緒影響到後面的比賽。

松岡老師也提到，小松會社柔道隊裡都是世界頂級的選手，都會上英文課。而珍羚剛加入時，英語程度是最差的，但她非常認真學習，到現在她不僅是會社裡面程度最好的，有時甚至可以協助松岡老師翻譯呢！

在小松柔道隊擔任二十七年監督的松岡老師，看過很多選手，但他讚美連珍羚是其中最頂尖的選手之一，也是非常努力的選手，不僅在小松成長很多，她努力的模樣已經到了足以做為其他選手楷模的程度。

支持是最好的祝福

連媽媽

連珍羚專注柔道至今已超過二十五年，自小學就開始練習柔道的她，一路以來經歷過的喜怒哀樂與風風雨雨，背後最大的支持者莫過於她的家人。特別是大學後就長年旅居日本，但珍羚與家人們的感情依然親密無間，只要家人有需要，不管她多麼忙碌，一定會竭盡全力以家人為優先。

「放任式」教育教出自動自發的連珍羚

談起連珍羚小時候，連媽媽笑著說她從小就活潑好動，一刻也靜不下來，好像永遠都電力滿滿，覺得應該和她名字中的「羚」有些關係，畢竟羚羊就是很好動的動物。

珍羚在臺南就讀國小二年級，接她下課時遇到班導師，便一直拉著連媽媽訴說自己教了二十幾年書，沒看過這麼好動的女生，運動一定跑第一，還很會欺負男同學；後來再看到班導時，連媽媽索性躲起來。

連媽媽形容珍羚從小就聰明且獨立，會把功課做好，一向不需要父母操心。她與妹妹珮如的年紀相仿，雖然喜歡欺負妹妹，但感情依舊很好。妹妹始終把姊姊當成偶像崇拜，一路從國小、國中、高中都在同一所學校就讀，就連珍羚大二時要去山梨學院，珮如也義無反顧地要跟著珍羚一同前往日本。

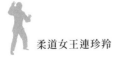

連媽媽對於孩子們的教育採取「放任」政策，但會從旁協助。像是從小便教育孩子如何利用零用錢，珍羚國中開始有比賽獎金的收入，每當領到獎金，連媽媽會要求除了要將錢存起來以外，也要懂得分給父母，幫忙

家裡。即便珍羚長年不在家，現在已經三十六歲，她的錢財幾乎是交由父母打理；若家裡有需要，珍羚一定是第一個主動說要幫忙的孩子。

另一方面，珍羚從小到大的課業成績都是班上前三名，很少補習，但連媽媽還是會買參考書讓孩子們練習，而珍羚總是自動自發，養成早睡早起複習功課的好習慣。這個習慣一直延續到她的選手生涯，即便是假日，也不會因為貪玩而晚睡。

連珍羚一向很有主見，如果認為這是對的決定，就會堅持到底。連媽媽回憶珍羚國小畢業時，爸爸擔心影響她的課業成績，希望她不要繼續練柔道，但珍羚卻對家人說：「你們反對也沒用，我會自己跑去練。」珍羚對柔道的熱愛程度，不會因為任何人的說詞就影響她的決定。

兒孫自有兒孫福，人生總有出路

連珍羚去山梨學院讀書是她的第二次旅日機會，第一次因為家庭因素而無法順利前往，對此連媽媽表示：「由於她高中三年都是全國中學運動會的金牌得主，畢業後，黃瑞澤老師希望她到日本武道大學去練習柔道，讓技術更加精進。另一方面，珍羚的爸爸當時在蘆洲當代理分局長，家中經濟一直由爸爸獨力支撐，雖然珍羚已經要上大學，但弟弟、妹妹還在國、高中階段。若要去武道大學讀書，需要額外支出一大筆資金。」對當時的連家來說有些吃力，所以連珍羚放棄去日本武道大學的心願。

連爸爸還是希望珍羚可以去考中央警察大學，而警大的老師也向珍羚的爸爸保證，錄取率絕對是九九．九%。不過黃瑞澤老師卻和連珍羚說：「世上的事情沒有絕對，還是要以防萬一，所以國立體育大學也要去報名。」果真，那一年警大的錄取分數不僅突然提高，甚至還「柔道從缺」，幸好當時有報名國立體育大學，連媽媽說：「上帝為妳關了這一扇門，一定會為妳開另一扇窗。」

孩子的夢想，父母全看在眼裡

當山梨學院邀請連珍羚去念書、練習柔道時，她當然二話不說就答應。話雖如此，連珍羚為了不讓父母擔心，出門前僅和父母說自己只去一年。但連媽媽表示：「去日本練習柔道一直是連珍羚的心願，而且山梨學院開出的條件很好，包含語言學校、大學四年學雜費全免，每個月還會支付三萬日圓做為零用金。」他們不會認為珍羚只去讀一年，因為她太愛柔道了，而日本又是柔道的強國，家人們都相信珍羚一定會很珍惜、把握在日本的每一分、每一秒。

珍羚也非常努力，不僅幫助山梨學院拿下好幾年的團體賽冠軍，大三那年，自己也拿下全日本學生柔道冠軍。如果當初去讀警察大學，就沒有後來的「柔道女王」了。連媽媽始終相信「兒孫自有兒孫福」，他們會自己找到適合的路。給孩子空間，他們才有發揮的地方。

相信孩子的決定，支持是最好的祝福

二〇一六年里約奧運，連媽媽、連爸爸和妹妹有去現場看連珍羚的比賽，那一年她比得相當精彩，和日本選手爭銅牌，最後沒有贏得勝利。後來才知道原來在比賽當下，日本選手有做出犯規的動作，但珍羚很善良，沒有提出抗議，白白失去這面獎牌，原本心想比完這次賽事就退休，但「不甘心」三個字成為她拚下屆奧運的動力。

二〇二〇年東京奧運遇到疫情，家人無法到場為她加油。在外界一片看好的情況下，珍羚對自己的期望過高，反而沒辦法發揮應有的實力，這對她打擊很大。做為父母，原以為珍羚會退休轉任教練，但珍羚擦乾淚水，整理好心情，下定決心要續拚二〇二二年杭州亞運。

家人合照

妹妹和弟弟都已結婚，家族成員增加，氣氛變得更加熱鬧

皇天不負苦心人，當天珍羚總算獲得亞運金牌。那是珍羚努力練習柔道的成果，賽後她說：「全世界的人都不相信我，但我相信自己。」做為父母的他們也為珍羚感到驕傲。

至於未來，連媽媽表示：「珍羚是一個相當有主見的孩子，我們相信她的眼光和想法，只要她平安開心，無論未來做什麼人生規劃，家人都會尊重與祝福！」

連珍羚，有妳真好

經紀人鄭瀅瀅

二〇一六年里約奧運，柔道銅牌戰的電視轉播畫面，是我第一次看到連珍羚。比賽結束後，她眼眶泛著淚光說：「走到這裡，我沒有遺憾了。」當時還在運動媒體擔任編輯的我，被她純真的眼神感動到了，於是向主管提出採訪她的請求。

連珍羚在里約奧運獲得第五名，創下當時臺灣柔壇歷史的最佳成績。或許是緣分，邀約連珍羚採訪時，她正好在臺灣。採訪當天，我問她的第一句話是：「奧運結束後，有很多媒體來採訪妳嗎？」

連珍羚說：「沒有耶！我比完後就回日本了，另一方面，臺灣真的很少有人會關心柔道，聽到妳要來採訪，真的很高興！」

整個訪談過程中，我再次被珍羚對柔道堅定的態度與熱情所感動，馬上被她圈粉。結束後，我厚著臉皮問她：「請問我可以和妳成為朋友嗎？」那是我當編輯以來第一次這麼做。

從那之後，我開始關注珍羚的每一場比賽。有次與她聊天，得知她想推廣柔道，便建議她可以從經營社群媒體開始做起。但珍羚的個性相當低調，不擅長使用這些工具，我便自告奮勇地提出可以協助經營，她也很開心地同意了。

不是選手出身的我，為了讓更多人了解柔道，經營的過程中，非常努力查找相關知識和詢問柔道界的老師，甚至經常去珍羚的母校向她的弟弟、妹妹請教、學習。因為我覺得要做，就要做到最好。

連珍羚是一位對自己非常嚴格的選手，她身邊的好友、隊友都是頂尖好手，很榮幸可以成為她的夥伴，代表我也有能力成為頂尖經紀人。為了不被「退貨」，我一定要和她一樣非常努力才行。

能夠從採訪到成為連珍羚的經紀人，我真的感到非常幸運，回想起這些年的點點滴滴，都是我人生中最幸福的事情之一。

至於成為經紀人的契機，是有一次珍羚在LINE和我說：「如果妳轉業成為經紀人，一定要記得第一個簽我喔！」這段對話的截圖至今還保留在我的手機，因為那是我成為運動經紀人最重要的動力之一。

真的謝謝珍羚給我這樣的機會，讓我開啟不同的人生。我常和人說，比起合作夥伴，珍羚更像我的引路人，如果當初沒有她，現在就不可能成立公司並幫助到更多選手。

合作期間，我們規劃所有的曝光或合作，目的都是以「推廣柔道」為出發點。任何相關的露出，無論是形象或概念，一律都穿著柔道服或與柔道相關事項為主。

雖然過程中遭遇的困難數以千計，我與連珍羚也一直不停地磨合與適應，畢竟本不是同圈子的人，人生經驗大不相同，最重要的是在這之前，這個項目還沒有人這樣做過。

就這樣邊走邊磨合，二〇二〇年，連珍羚在某個專訪提到：「感覺這段時間內，有更多非練柔道的人來關注柔道了！」看到之後非常開心，給了我很大的鼓舞與能量。雖然沒有做什麼大事，但當中付出的一點點努力，能夠有幸推動柔道運動，讓更多人看見柔道的精神與意義，真的是人生中很大的成就感。

雖然連珍羚長期在日本發展，但我的心都是跟著她走的，所做的每一件事情都很努力且小心翼翼。或許是期望太高，東京奧運時，她的心態「炸裂」，我也跟著爆掉了……期間我們發生一些衝突，我甚至發了一頓很大的脾氣，進而變成冷戰，甚至一度不知道該如何繼續走下去……但我們沒有放棄，因為彼此都知道這條路沒有這麼輕鬆。珍羚沒有多說些什麼，但她用行動告訴我，希望能繼續攜手走下去。我們開始傾聽彼此的內心，試著重新相處，努力讓一切回歸正軌，而我們真的做到了。

東京奧運後，連珍羚消沉了好長一段時間，那一年當中，我們沒有太多溝通，也沒有接任何合作，只是偶爾問她：「最近的練習狀況還好嗎？」我從她的回答中，默默地估算她心情復原的程度。

直到二〇二二年，接到時報出版社的邀請，我們開始著手準備這本書的內容。想當然耳，多數時間只能用視訊的方式來採訪撰寫。其實一開始我感到非常擔心，不確定珍羚心裡是否是在不願意的情況下勉強配合。後來感到開心的是，從視訊的過程中，發現她情緒有時好、有時普通、有時很開心、有時不想說話，我感受得到她正在修復內心傷口與重新找回熱情的轉變。

我認為進行這本書的時間點非常及時，也許在訪談的過程當中，能幫助她回憶過去的點點滴滴，進而找尋接下來的方向。

二〇二三年六月，珍羚告訴我想要繼續拚戰二〇二四年巴黎奧運，並主動請我幫她找贊助。大家知道嗎？此前的四年，她從沒有主動請我幫她做些什麼！這是第一次，也是她改變的開始。珍羚開始與我討論，並配合許多對她和對柔道有幫助的事情，從那時起，我忽然覺得過去所做的努力，好像漸漸沒有遺憾了，我感到相當滿足。

同年，珍羚獲得杭州亞運金牌，感動了許多人；十二月，她參加在東京舉行的大滿貫，在此之前，珍羚在國際賽上的成績大多不太理想，但這次她贏得銅牌，讓我更加感動。雖然前些日子的表現沒有太過出色，但漸漸感受到她面對輸贏時，心情較過去放鬆許多。

要在大滿貫奪牌已經很不容易，日本的大滿貫更難，各界好手都會來這個賽事朝聖。這面獎牌也是連珍羚繼東京奧運後，拿到國際柔道總會系列賽事的第一面獎牌。我知道這一路有多艱辛，當時的我在現場親眼看到她拿下這面獎牌時，內心的感動與激動難以言喻。她來到觀眾席後，我忍不住衝過去抱住她，真的很為她感到驕傲。

二〇二四年五月，珍羚獲得十大傑出女青年，我前往日本小松會社幫她拍攝影片，也想在巴黎奧運前，順道看看她的狀況。那一天，她身體不舒服，卻還是讓我拍攝。結束後，珍羚和我說：「今天辛苦了，妳特別來會社採訪，雖然沒拍到什麼畫面，但剩下最後兩個月，我要先以調整狀態為主，不好意思啊！」聽到這段話的當下真的感到非常窩心，也真心感受到她和過去不一樣了，開始會看看別人，為別人著想，這樣的她真好。

關於協助連珍羚出書，是從和她合作第一年就在計畫內的事情，她的精神故事太值得寫成一本書了。耗時兩年，如今總算一起攜手完成。

感謝黃瑞澤老師、松岡義之老師、山部伸敏老師、連珍羚的父母接受我的採訪，特別感謝廖偉舜先生，舜哥願意跨海協助我與日本教練們溝通並取得訪談機會。雖然過程中沒有辦法事事順利，但如果沒有選手身邊最重要的人的支持，很難走到這裡。

感謝和連珍羚在生命旅途中的重疊！珍羚的媽媽常和我說：「有妳真好。」

而這句話應該也是我要對連珍羚說的：

「連珍羚，Thank you for everything，有妳真好！」

與珍羚在二〇二三年東京大滿貫時，終於再度拿下獎牌而開心相擁

AUTHOR 系列 029

柔道女王連珍羚：我會一直摔到不想摔為止

作者—連珍羚

臺灣女子柔道選手，有「柔道女王」之稱。

臺灣柔壇第一位旅日職業選手，是二〇一六年里約奧運、二〇二〇年東京奧運、二〇二四年巴黎奧運女子柔道五十七公斤級代表選手。

二〇一五年，成為臺灣柔道史上的第一面國際柔道大獎賽金牌得主；二〇一六年里約奧運柔道女子五十七公斤級獲得第五名。二〇一七年，國際賽大滿貫系列賽事中，成為第一位在大滿貫拿下金牌的臺灣女子柔道選手。二〇二二年杭州亞運女子柔道五十七公斤級金牌得主，亦是臺灣第一位女子柔道的亞運金牌。

作者—鄭瀅瀅

現為承筠行銷事業有限公司負責人。

運動媒體編輯出身，現有自己的運動自媒體平臺「起動站 Starting Point Sports」，亦是臺灣奧運選手的經紀人。

期待能透過文字和經驗，分享運動經紀人的法則，讓臺灣運動員及產業能更被重視並永續發展。

時報文化出版公司成立於一九七五年，並於一九九九年股票上櫃公開發行，於二〇〇八年脫離中時集團非屬旺中，以「尊重智慧與創意的文化事業」為信念。

副總編輯—邱憶伶
副主編—陳映儒
封面攝影—鄧穎謙
封面設計—林采薇
內頁設計—張靜怡

董事長—趙政岷
出版者—時報文化出版企業股份有限公司
一〇八〇三臺北市和平西路三段二四〇號三樓
發行專線—（〇二）二三〇六—六八四二
讀者服務專線—〇八〇〇—二三一—七〇五
（〇二）二三〇四—七一〇三
讀者服務傳真—（〇二）二三〇四—六八五八
郵撥—一九三四四七二四 時報文化出版公司
信箱—一〇八九九臺北華江橋郵局第九九信箱
時報悅讀網—http://www.readingtimes.com.tw
電子郵件信箱—newstudy@readingtimes.com.tw
時報悅讀俱樂部—https://www.facebook.com/readingtimes.2
法律顧問—理律法律事務所 陳長文律師、李念祖律師
印刷—華展印刷有限公司
初版一刷—二〇二四年十月十一日
初版二刷—二〇二四年十月二十八日
定價—新臺幣五二〇元
（若有缺頁或破損，請寄回更換）

柔道女王連珍羚：我會一直摔到不想摔為止／連珍羚、鄭瀅瀅著 .
-- 初版 . -- 臺北市：時報文化出版企業股份有限公司，2024.10
240 面；14.8×21 公分 . --（AUTHOR 系列；029）
ISBN 978-626-396-789-2（平裝）

1. CST：連珍羚　2. CST：運動員　3. CST：臺灣傳記

783.3886　　113013389

ISBN 978-626-396-789-2
Printed in Taiwan